高校体育教学发展与创新研究

刘　伟　李　青◎著

吉林大学出版社

·长春·

图书在版编目（CIP）数据

高校体育教学发展与创新研究 / 刘伟 , 李青著 .
长春 : 吉林大学出版社 , 2024. 7. -- ISBN 978-7-5768-
3457-4

Ⅰ . G807.4

中国国家版本馆 CIP 数据核字第 20244UZ428 号

书　　名　高校体育教学发展与创新研究

作　者　刘　伟　李　青　著
策划编辑　殷丽爽
责任编辑　殷丽爽
责任校对　李适存
装帧设计　守正文化
出版发行　吉林大学出版社
社　　址　长春市人民大街 4059 号
邮政编码　130021
发行电话　0431-89580036/58
网　　址　http:// www. jlup. com. cn
电子邮箱　jldxcbs@ sina. com
印　　刷　天津和萱印刷有限公司
开　　本　787mm×1092mm　1/16
印　　张　11.25
字　　数　200 千字
版　　次　2025 年 3 月　第 1 版
印　　次　2025 年 3 月　第 1 次
书　　号　ISBN 978-7-5768-3457-4
定　　价　72.00 元

前　言

随着我国体育教育领域的飞速进步，体育在国内的重要性逐渐上升，它的发展一方面能够反映我国教育的整体水平，另一方面还在某种程度上代表了我国的综合实力。伴随着社会经济的迅猛增长和高等教育的持续创新，全球各国的体育教育都展现出了蓬勃的发展势头。与此同时，随着人们健康意识的日益提高，人们也更加注重身体健康。我国高校的传统体育教学已经无法满足当前的办学规模和教育体制需求，因此对我国高校体育教学进行创新已经变成一项亟待解决的重要教育任务。特别是在最近的几年中，尽管高校体育课程已经取得了一些成就，但是仍然面临许多挑战。为了解决这些问题，高校需要重新审视和定位高校体育课程，只有这样才能在此基础上找到一条适合现代高校体育教育改革发展的道路。高校有责任确立正确的教育改革观点和全方位的育人理念，并通过"学有所用"的教育观点来论证这一教学改革的合理性和科学性，通过实践来验证改革传统体育教学的必要性。高校体育教学的目标是激发学生的创新思维，帮助他们更好地面对并适应大学体育教育中的现实问题。

加快高校体育教学改革对于实现体育强国建设目标具有十分重要的作用和意义。在"以人为本""健康第一""终身体育"等新的教学理念指导下，在"体育强国""健康中国""全民健身"体育梦想的促进下，高校体育肩负着促进大学生群体身心健康发展和社会性发展的重要责任。体育教育是一门实践性较强的课程，传统的体育教学在实践性上也能够满足教学的需要，但是无法做到面面俱到。高校体育教育应该从学生、教师、教学模式、教学方法等方面来进行综合改革与创新。转型时期的体育教育专业人才培养目标要符合通识教育，要把学生培养成为运动技术过硬、专业素质良好的复合型高级体育人才。

本书第一章为体育教学概述，主要介绍了四个方面的内容，分别是体育教学的概念与性质、体育教学的特点与功能、体育教学的基本目标及开展体育教学活动需遵循的基本原则；本书第二章为高校体育教学的发展，主要介绍了三个方面的内容，分别是体育教学的产生和发展、我国高校体育教学的发展现状及高校体育教学发展的趋势与对策；本书第三章为高校体育教学中的学生与教师，主要介绍了四个方面的内容，分别是体育教学过程中的主体、学生的观念及其身心发展特点、体育教师的教学素养和执教能力及体育教师发展的新方向；本书第四章为新技术在高校体育教学发展中的应用，主要介绍了四个方面的内容，分别是网络教育技术的应用、多媒体技术的应用、现代信息技术的应用及体育课件的应用；本书第五章为高校体育教学的改革创新，主要介绍了四个方面的内容，分别是高校体育教学创新的影响因素与途径、高校体育教师的教学创新、高校体育教学内容与教学方法的发展与创新及高校体育教学创新体系的构建。

在撰写本书的过程中，笔者参考了大量的学术文献，得到了许多专家学者的帮助，在此表示真诚感谢。由于笔者水平有限，书中难免有疏漏之处，希望广大同行批评指正。

刘 伟

2023 年 10 月

目 录

第一章　体育教学概述

本章内容为体育教学概述，主要从四个方面展开论述，分别是体育教学的概念与性质、体育教学的特点与功能、体育教学的基本目标及开展体育教学活动需遵循的基本原则。

第一节　体育教学的概念与性质

一、体育教学的概念

（一）教学

教学是"教"与"学"的合称，我国很早就有关于"教"与"学"的研究，据史料记载，"教"与"学"在早期的甲骨文中就已经出现过。在早期的甲骨文中，曾有"丁酉卜，其呼以多方小子小臣其教戒""壬子卜，弗酒小求，学"[1]的记载，"教"与"学"的结合则最早见于《尚书·兑命》，其中有："上学为教；下学者，学习也。言教人乃是益己学之半也[2]"的语句。东汉时期，许慎著《说文解字》，其中曾有"教，上所施，下所效也[3]"的解释。

国内外学者关于"教学"的研究发展至今已有很长一段时间的历史，但就目前来说，学术界对"教学"概念的解释并不完全一致，不同的学者从不同的角度均提出了自己的观点和见解。

国外学者对"教学"的论述可以从宏观和微观两个方面进行理解。从宏观角

---

①　姬红丽.新时期体育教学与改革探索 [M].北京：北京工业大学出版社，2019.

②　马冀贤.体育教学的体系构建与科学训练 [M].长春：吉林出版集团股份有限公司，2022.

③　李春玉.学生教师与教育 [M].长春：吉林大学出版社，2016.

度分析，教学是一种特殊的教育活动，它是指教学者以一种或多种文化为对象，对受教者进行教育，以期让受教者获得这种文化的活动。其中的教学者是掌握某种知识或技能的人，他与接受教育的人共同构成教学的主体。从微观意义上讲，教学是一种直观的教师进行教授和学生进行学习的活动，在这个活动中教师是教学的引导者，是教学活动的组织者和知识传授者；学生是教学的"受众"和主体，简而言之，教学是一种以特定文化为对象的"教"与"学"的活动。

就我国来讲，相关学者关于教学的研究论述影响力最大的、权威性较强的观点主要包括两种：一是统一活动说，代表人物是王策三和李秉德，他们认为教学过程是"教"与"学"统一的整体，强调学生身心的全面发展。二是教学的广义和狭义说，广义的教学泛指经验的传授和获得过程。狭义的教学则是单指学校教育中以培养人才为目的的各类教学活动。"教学"是一种动态行为，是教学工作者对具体的学科或技能组合进行的一种有组织、有计划的教学行为。目前，此种论述比较符合当前我国体育教育的现状。

（二）体育教学

教学是一种教育活动，这种活动需要教师和学生的共同参与，并为了实现某一具体的教学目标而相互协作。体育教学是一门学科，是体育教育的重要内容，更是一种教学活动。体育教学主要是有目的、有计划、有组织的相关体育活动的组合。

体育教学是针对体育学科展开的一种教学活动。体育教学包括体育教学基本目标、教学内容、教学评价等内容。体育教学是一种特殊的教学课程，它从生物科学、教育学、心理学、社会学、哲学等学科中获得知识，以发展学生体能，增强学生身心健康为主要目标，它配合德、智、美、劳进行教学，促进学生身心全面发展。体育运动与体育活动、训练方面的教育都能够促进学生身心发展的基础修养，是现代素质教育的主要内容和方法。

根据教学的基本概念可知，体育教学是按照一定的计划和课程标准进行的有目的和有组织的教育过程。

综上，对体育教学概念的界定可以如此描述，即体育教学是指体育教师在教学的过程中，以体育教材为媒介，与德、智、美、劳的教育课程相配合，引导学生学习体育基本知识、熟知体育基本技术、掌握体育基本技能，并养成良好的体育锻炼习惯，以促进其生理、心理、社会适应能力健康发展的一种活动。

从本质来讲，体育教学是在学校环境中进行的一种教学活动，主要参与者是体育教师和学生，具体的活动内容为学生在教师的组织和指导下，对体育相关的基本知识、体育运动技能、体育运动素养进行了解、掌握和提高，旨在促进学生的身心健康和全面发展。

二、体育教学的性质

性质是决定事物本身与其他事物的最根本的区别，性质不同的两种事物带来的表象自然有一定的区别。体育教学和其他学科的教学最根本的区别就在于它本身所具有的体育教学性质。

结合体育教学的特点，体育教学的"体育性"主要表现在以下五个方面。

第一，体育教学的教学地点多为户外，但在现代体育教学场所中室内的场馆也非常多见。

第二，在体育教学中师生都要承受一定的运动负荷与心理负荷。

第三，体育教学过程是身体活动与思维活动的结合，并且还有比较频繁的人际交往。

第四，体育教学侧重于发展学生身体时空感觉及运动智力。

第五，体育教学更加关注学生自我操作与体验等。

特别需要指出的是，在体育教学中，"实操性"是体现体育教学性质的一个重要方面，它不同于化学、物理学科中的实验实操，而是一种身体技能学练。通过对比，可以发现，体育教学与其他学科教学的区别，简单来说就是技能实操练习，在现代体育教育中技能的实际操作练习被视为最关键的教学手段，它也是体育教育的核心方法。因此，在高校体育课上进行运动技能的训练和培养就显得尤为重要。体育教学和其他学科教学的主要不同之处在于传授学生运动技能。体育运动技能的形成和发展过程就是一个由低级到高级不断积累经验、获得新知识并最终熟练运用的过程。体育教师在体育教学过程中，要想让学生完整地掌握体育技巧，需要经历认知、联系和完善等多个教育阶段。其中，认知阶段是整个过程的基础和前提。具体而言，在体育技能的认知过程中，学生和体育技能之间的联系是最为紧密的。在这个阶段，学生对所学技能的结构、要素等方面进行了表象化的理解。从这个层面看，体育技能仅是学生提高身体素质，同时完成技术动作的方式之一，所以也有部分学者和专家认为运动技术是一种"操作性知识"。

通过上述分析，应该认识到体育教学的本质属性是体育性，体育教学是一种针对运动技术和知识的教学，在体育教学中学生学会了运动知识并将之转化为运动技能，即充分实现了体育教学性质，达成了体育教学基本目标。

第二节　体育教学的特点与功能

一、体育教学的特点

体育教学具有教学活动的一般特点，同时也具有体育学科的特殊特点，现主要针对后者详细分析如下。

（一）身体活动的常态性

体育学科是以身体发展为基础的学科，因此在体育教学中，身体活动是教学活动的主要内容和形式，体育教学过程中有很多对身体活动的要求，这是体育教学区别于其他学科的重要基础所在，是体育教学与其他学科教学的最大区别。

一般文化类学科的教学，其教学场所多为教室、实验室、多功能厅，教学过程中需要教学环境的静态性，即整个教学活动过程要保持相对的安静，这样才能激发学生的思维并产生很好的学习效果。

体育教学通常会在户外进行，如果是在室内，多选择较为宽阔的专用运动场馆，并且在大多数时间，运动技术练习环节并不需要刻意保持安静，学生之间、学生与教师之间都可以随时进行交流和沟通，如此才更有利于学生对运动技术的学习。整个体育教学过程中，学生需要不断重复学习体育运动技能，这也决定了学生在体育教学活动中要经常进行身体活动，即体育教学具有身体活动的常态性特点。在体育教学中，几乎所有内容都涉及身体活动，或者是为即将到来的身体活动做准备的活动，这是对作为"身体知识"的体育教学的最好诠释。在体育教学过程中，不仅是学生要进行具有一定运动负荷的运动，教师在做示范、做指导和参与到组队教学赛中也需要付出不少体力。可见，体育教学身体活动的常态性特点并非只针对学生，同时也包括教师。总之，在体育教学过程中，教师与学生的身体操练非常频繁，这种常态化成为体育教学最为显著的特点。

（二）身心练习的统一性

身体健康与心理健康是现代健康新理念中关于健康的两个重要方面，二者之间也有着密切的关系，具体体现在身体健康有助于改善心理健康，而心理健康对身体健康具有重要的影响作用，身体发展是基础，心理发展是依赖，能够促进身体发展，二者是相互影响、相互促进的关系。因此，体育教学强调促进学生的身心共同发展。

在其他一般学科的教学中，更多的是重视学生的智力发展和心理塑造，但在身体发展方面存在一定的局限性，更难以实现身心发展的统一。

体育教学重视学生的身心双修，重视对学生身体的改造，与此同时，它还强化与提升学生的心理与多种适应能力。在其他学科的教学中便无法达到这样的效果，这主要在于体育教学营造了不同种类的教学情境，一系列积极的情境使得参与其中的人在潜移默化中受到感染。在体育教学中学生的身心发展看似是多元的，但实际上在发展过程中是一种身心统一的锻炼，即达到身体与心理的共同拓展和发展，表现出十足的统一性。

体育教学不仅可以促进学生增强体质、提高体能、发展技能，而且有利于培养学生的思维方式和良好的心理品质，促进学生身心健康协调发展。具体来说，体育教学中学生身心练习的统一性主要表现在三个方面。首先，在体育教学内容方面，体育教学内容的选择应符合学生的身心健康状况，所选教材的内容要符合该年龄段学生的心理特点，并要满足学生美学、社会学等其他方面的要求。使学生通过教学过程中的知识学习、身体练习与情感体验，获得身心的健康发展。其次，在体育教学方法方面，体育教学方法要符合体育教学实际，要遵循与学生年龄段相适应的身心变化规律，根据学生的身心特点安排教学，以促进学生身心共同发展。最后，在体育教学运动负荷安排方面同样注重身心发展的统一。体育教学重在体育实践，它以身体练习为主，需要学生运用身体器官直接参与活动，不仅要承受一定的身体负荷，还要承受一定的心理负荷。负荷要与学生身体状况相符，不能超过学生生理极限，以免对学生身体造成伤害和引起学生的挫败感；负荷也不能过低，以免无法促进学生身体健康发展和引起学生轻易完成练习活动的骄傲自满心理。负荷应恰到好处，使学生承受肌肉活动引起的疲劳与不适，提高运动技能并体验不同的心理过程，磨炼思想意志，塑造克服困难、团结一致、努力拼搏的健康心理。

（三）技能学习的重复性

现代体育教学旨在通过身体练习促进学生的身体、心理和社会适应能力的共同发展，整个教学过程主要以身体练习为主，技能学习是体育教学的重要学习内容，学生对运动技能的掌握必须经历一个不断重复的过程。

研究表明，任何一个体育运动项目，其运动技能的形成具有阶段性和规律性，运动技能形成大致要经历这样一个过程：练习分解动作—练习连贯动作—独立完成连贯动作—熟练完成连贯动作。学生要想熟练掌握运动技能，需要经过长期的反复练习。学生不论是掌握篮足排运动中的复杂技能，还是学习体操中的滚翻、田径中的跑等技能，都需要经历由不会到会、由简单初步学习到复杂深入学习、由不熟练到熟练的发展过程。在此过程中，体育教师要严格遵循循序渐进原则，逐步指导学生掌握各种运动技能，根据不同运动技能的特点，合理安排练习内容和时间，通过反复练习，促进学生运动技能的掌握与提高。

（四）教学过程的直观性

体育教学过程具有直观性的特点。这种直观性主要体现在讲解、示范和教学组织管理三个方面。具体分析如下。

1.教学内容讲解的直观性

简言之，讲解的直观性就是讲解清楚、简单明了、容易理解。具体来说，在体育教学过程中，教师讲解体育教学内容，不仅体育教师的语言要生动，还要富有一定的肢体表现能力，使学生有形象、贴切、有趣的感觉。尤其是在某些有较难技术动作的体育运动教学中，教师不仅要对体育教学重点进行详细的描述，还要用生动、形象的语言对复杂的技术动作进行简单化的讲解，以提高课堂教学效果。

2.动作技能示范的直观性

身体练习是体育教学过程的主要内容形式，学生对动作技能的接触最初是通过教师的动作示范来实现的。在教学中，为了加深学生的理解和认识，教师有必要进行动作示范和实践演示。在教师运用示范法时，需要展现非常直观形象的动作示范，其中包括正确动作的演示和错误动作的演示，这些演示都是直观地展现在学生眼前的，不能有任何的艺术加工和变形，这样才会使学生从感官上直接感知动作的正确与错误，以利于他们建立正确的、清晰的运动表象。当学生建立正确的动作表象后，再配合教师的讲解，学生才能更加准确地掌握相关体育知识、技术及技能。

3. 教学组织与管理的直观性

体育教学中师生之间的互动要比其他任何学科都要频繁，体育教师对整个教学过程的组织与管理，学生都深入其中，有深刻的体会。教师与学生接触得越多，学生对体育教学的组织与管理的观察与体会越直观。在师生活动中，教师的言行举止对学生的身心都是一种无形的教育，有利于教师把控教学过程，也能为学生创造轻松的教学环境，使学生在教学中表现出来的言行都是他们最为真实的一面，也有利于体育教师获得正确的教学反馈。教学组织与管理的直观性要求体育教师重视良好教学环境的创设、促进师生关系的融洽，使教学过程更加科学合理。

（五）教学内容的情感性

经过不断发展，现代体育教学内容丰富，它不仅包括球类运动、游泳、田径等，还包括体育舞蹈、瑜伽等内容。通过对这些内容的学习，学生可以从中体会到各种体育活动所带来的丰富情感。

现代体育教学中，不同体育教学内容给予学生的丰富情感体验主要表现在以下 3 个方面。

1. 体育运动中人体美、健康美和运动美的体验

在体育教学过程中，学生可以体会到只有体育才能赋予人类的人体美和运动美。一方面，学生通过接受体育教学，掌握体育健身的方法和技能，以此达到运动塑身的效果，使身体外在形态保持优美的线条和良好的身材比例。另一方面，学生通过练习不同运动，可以认识到人体不同的动作展现出的动作美和肌肉的动态美，这种美只有在运动中才能看到，是极为外显的美。通过体育教学中对美的感受，可以提高学生的审美能力。既然有美的存在，那么就要有欣赏美的人和能够欣赏美、懂得如何欣赏美的能力。

2. 体育运动中体育精神美的体验

体育教学中，每一项运动都向学生表现出了不同的美的特点和审美特征，如球类运动可以表现个人对球类技术的掌握能力，集体球类项目中除了个人能力，还包含了与队友之间的协作和互助精神，这些内容都是人类积累下来的丰富的体育内涵。体育教学能使学生感受到体育的精神美，掌握体育的精髓。学生通过参与体育活动可以陶冶情操，平衡心态。例如，学生在关键时刻保持冷静的心态，或是在胜利时表现出谦虚等。

3. 体育运动中丰富社会角色的情感体验

体育教学是一种创造性的社会活动，其创造的成果就是让学生获得内在的顿悟和精神上的启迪。不同的体育运动中，学生在运动过程中扮演不同的角色（如足球运动的前锋、后卫、守门员等，如体育教学竞赛中的运动员、教练员、观众等），能使学生丰富自己的角色情感，对于其日后进入社会，适应不同社会角色具有重要的作用。

（六）教学环境的开放性

体育教学环境的开放性表现在教学场地和教学情境两个方面。一方面，体育教学主要是在室外进行的。目前，我国各级院校的体育教学多以体育实践课为主，体育教师组织的大多数体育课主要在学校操场进行。与其他学科主要在封闭的教室、实验室等地方开展的教学活动不同，体育教学的教学空间富有变化性，环境更加开放。另一方面，在体育教学情境设置中，师生之间的关系和互动非常灵活多变，只要有利于促进学生身心发展，任何一种教学情境都可以尝试。

体育教学环境的开放性决定了体育教学具有不同于其他学科的室内教学和以教师的讲解为主的教学模式，体育教学环境的开放性使其教学过程具有更多的不确定因素，在体育教学过程中，教师应注意以下三点：首先，户外教学意味着体育教学受到的干扰因素较多，如天气、地形、周边设施与噪声等，这会使体育教学的组织管理工作变得愈加复杂，因此需要精心设计与统筹安排体育教学的组织形式、教学步骤与方法。其次，室外体育教学是一个动态过程。教学过程中，班级内学生较多，且大部分的教学时间学生都处在不断变化与形式多样的运动中，教师对学生的管理是动态的，多采取分组教学并需要班干部和体育骨干的协调配合。最后，体育教学活动中需要使用多种体育器材和设施，由于不同学生的技术水平不同，且在使用器材设备时会有不同的习惯，再加上一些器材设备本身质量差或磨损严重，这些都使教学中充满了各种不确定因素，因此体育教师要格外重视教学的安全性。

（七）教学条件的制约性

体育教学内容丰富，教学环境开放，涉及要素多，也就使得体育教学会受到更多客观条件的制约，这是体育教学的重要特点之一。体育教学受多种体育教学条件的制约，包括主观条件与客观条件，概况来讲主要表现在以下 3 个方面。

1. 学生方面

学生作为体育教学过程中体育知识与技能传授的受众，与学生有关的诸多情况会对体育教学本身造成一些影响，主要因素包括学生的运动基础、学生其他基本情况（年龄、性别、生理和心理特点）、体育教学场地条件、器材、气候等。这些因素都会影响体育教学内容、教学方法、教学组织、教学设计、教学模式等，对整个体育教学会产生重要影响。体育教学要想进行得顺利、获得良好的教学就要注重在学生的运动基础及体质强弱等实际情况方面区别对待、充分考虑，这样才能促进既定教学目标和教学效果的实现。

2. 教师方面

教师是体育教学活动中非常重要的一个参与者，体育教师的教学能力、对教学方法的熟悉程度、教师的体育教学组织和管理能力都会影响整个体育教学，对于体育教学来说也是一种重要的制约。

3. 教学环境方面

体育教学环境是体育教学的重要载体，其质量的高低对体育教学会产生较大影响。例如，体育教学活动多在户外开展，会面临严重的空气污染，或临近马路带来的噪声污染等问题，这些问题势必会影响体育教学主体在教学活动中的状态与情绪；天气对于室外体育教学的影响也是不能忽视的，这点在早年间较为明显，如遇到雨、雪、大风等恶劣天气时，体育教学被迫停止，转而来到室内进行一些体育理论课的教学，如此充分表现了教学环境对体育实践课开展的制约性。

为了体育教学的顺利开展，必须摆脱不利于体育教学条件及构成教学条件的各因素的影响，对此体育教师就要在制订学年的体育教学计划到具体课时计划时，在进行教材内容选择与教学组织实施中都必须考虑到这些客观实际与影响因素，结合教学实际，科学选择体育教学内容、方法和组织形式，并充分结合自身特点与条件，促进体育教学的顺利进行，以实现体育教学基本目标和教学任务。

（八）人际关系的多边性

体育教学活动中的人际关系不是单纯的如其他学科教学中的那样，师生之间主要以教师讲解和学生领会为主，体育教学活动是一个师生双边互动活动，而且这种互动非常频繁和复杂，人际交往在体育教学中占据重要位置，这种人际交往具有多边性。

从教学组织形式来看，现代体育教学的组织形式主要是在单人、双人、小群体及全班之间不断转换的，要求学生在不同的时空内完成不同的身体运动、不断地变换角色地位，彼此之间建立多种不同的联系。因此，在体育教学中，师生之间、学生之间、小群体之间具有频繁且形式多样的人际交往关系，教师和学生之间的关系复杂、多变。

体育教学过程中人际关系的多边性特点，对体育教师的教学组织和管理能力提出了更高的要求，体育教师应运用多种方式与学生交流和沟通，并引导学生相互之间进行配合、鼓励与评判，教会学生在体育课堂中初步体会社会交往，培养学生的合作意识，提高其人际交往能力，并将这种良好的人际关系适应和处理能力延伸到体育学习之外的日常生活和社会关系处理中。

二、体育教学的功能

体育教学不仅具有一般学科的教学功能，即向学生传授生物、生理、心理、医学等自然科学和体育基本知识，还具有体育学科的特殊功能，即将科学的身体锻炼方法与手段传授给学生，使学生正确掌握运动技能，同时达到学习、健身与锻炼的目的。此外，体育教学对培养学生爱国主义情感、集体主义价值观、互帮友爱和顽强拼搏、积极进取的精神也有着极大的促进作用。具体来说，体育教学主要具有以下功能。

（一）健身功能

促进学生的身体发展是体育教学最基本的功能，增强人民体质是发展体育运动的本质属性。经过长期的改革与实践，现代体育教学课程在规划与设计教学大纲、选择教材内容、安排课时、实施教学组织等方面已逐渐合理化与科学化。

体育教学的健身功能主要表现在以下 3 个方面。

1. 促进学生身体发育

身体练习效果可直接作用于人体，且效果明显。对于儿童、青年学生来说，正处于身体形态迅速发育的关键时期，身体形态的可塑性较大。有针对性的体育教学能够促进学生的健康成长，经常参加体育锻炼对促进其身体形态的正常发育具有重要作用，它可以让正处在发育期的学生养成正确的身体姿势，让身体更加强健，从而培养健壮的体格和匀称的体型，有利生长发育。

2. 提高身体机能水平

体育对于提高人体的机能水平具有重要作用。体育运动实践表明，经常参加体育锻炼能够提高身体机能水平。参加体育锻炼能够改善运动者神经过程的均衡性和灵活性；促进骨组织的血液循环，使骨骼更加结实粗壮；增加肺活量，有效改善呼吸系统；增强心脏活力，加快新陈代谢，从而使身体机能的各个器官系统的功能水平得到改善。在此基础上，进一步提高学生的免疫能力、抗病能力、环境适应能力等多方面素质和能力。

3. 全面发展身体体能

体育运动有利于促进学生身体体能的发展。身体体能的发展以运动动作实践为基础，因而体育锻炼对发展各种体能有着重要的作用。体育锻炼要求学生在运动过程中通过反复练习达到较高的心肺耐受力、柔韧性、肌肉耐力、灵敏性、平衡性等，全面促进学生体能发展。

（二）健心功能

体育的健心功能体现在其可直接作用于学生的心理、影响学生的心理发展，此外，还能通过影响学生的身体发展间接促进学生的心理健康。心理健康是评定人体健康的指标之一，体育教学不仅有利于学生的身体发展，还对学生的心理健康发展具有重要的作用。与体育教学的健身功能一样，体育教学促进心理健康的功能主要是通过教师传授来实现的，具体表现在以下 4 个方面。

1. 愉悦心情，缓解压力

运动能使人快乐，研究表明，体育运动可促进人体内激素分泌的变化，内啡肽分泌的增多可以让人感到幸福和快乐。体育运动可以使学生得到身体和心理上的放松，缓解学生的学习压力。

2. 调节心理，平和心态

体育教学能给学生带来丰富的情感体验，在参与体育运动的过程中，学生要频繁地面对成功与失败，其中失败和挫折的次数远多于成功。由此，可以培养学生在逆境中正确处理心态的能力，作为胜利者也要做到戒骄戒躁，只有具备这样的素质，才能再接再厉，取得成功。教学更为重要的作用是传授各种人类社会的道德、规范与理念，这是学生走向社会之前的必学内容。

3. 磨炼意志，修养品德

体育运动技能的学习需要学生进行不同的身体和技能练习，这一过程对于磨炼学生的意志具有重要的帮助。此外，体育教学中的体育活动必须符合体育项目特点和规则，尤其是在体育教学与比赛中，可以养成遵纪守则的良好习惯。根据体育运动或游戏的规则，运动竞赛或游戏要想顺利进行，必须依靠参与者自觉遵守既定规则。在体育练习或比赛（游戏）中，学生还要懂得关心同学，尊重对手，尊重裁判，自觉遵守体育课堂秩序，并将这种规则的遵守延续到日常社会生活中。

4. 促进交际，完善人格

体育运动是一种有助于体验人际交流愉悦感的活动，特别是对价值观、人生观和交友观尚未完全形成的学生的人际交往能力具有更大的帮助。同时，系统的体育教学还可以陶冶学生的情操，对塑造学生完美人格具有重要作用。体育教学中，大多体育运动或体育游戏都需要集体共同参与方能完成。体育运动取胜关键是集体的团结配合。因此，学生为了取胜，必须认识到团结互助、协调合作、发挥集体力量的重要性。学生作为体育运动团队中的一员，需要处理好个人利益与集体利益的关系，通过队友之间的相互交流，联络感情，协调人际关系，做到顾全大局、运筹帷幄。

（三）知识传播

教育是对知识和技能的传播，韩愈《师说》之"传道授业解惑"[1]，是指教育的综合的过程：传道、授业、解惑，三个并列而行。因此，"传授知识"以帮助

---

① 张文. 绿色随想 [M]. 北京：光明日报出版社，2016.

学生"解惑"是体育教师承担的传播体育知识的重要责任，因此体育教学具有传播体育知识的重要功能。

在体育教学中，整个教学过程主要是通过改造学生的身体来实现的。从"教"与"学"的角度来说，可以将体育知识形容成一种"身体的知识"。这种知识最初伴随着人类的发展而发展，每个人类社会时期都有相应的"身体的知识"的传承，如在原始社会，身体的知识就是人类通过走、跑、跳、投、打等动作捕获猎物或逃避猛兽的追捕等行为。在现代社会中，体育知识的传承内容变成了某项体育运动（如篮球、体操）的基本知识或某些体育技能。通过传播体育理论知识，使学生掌握更多的体育健康和体育保健知识，这样才能从根本上增强学生的体育参与意识，提高其体育学习的积极性和主动性，进而促进学生个体的身心健康全面发展。

（四）技能发展

体育技能的学习和提高是通过体育教学过程的合理设计和实施来实现的。传统的运动技能等同于生存技能。原始社会的人类通过走、跑、跳、投、打等行为捕猎和采摘，以获得生存的能量。

现代体育教学中所涉及的体育运动技能对于人体的要求不再像过去那样严格，主要是指球类、武术、田径和游泳等运动技巧和方法。科学研究表明，适当参加体育运动对人的身体素质的发展非常有益，而体育教学就成为传授这些运动技术的最好方式。

当前，在普通高校体育教学中，体育教学活动的组织过程就是体育教师以体育教学内容为依据，对学生传授体育知识与相关技能的双向信息传送的过程。没有实践就无法学会各种运动技能。运动技术是体育教学的主要内容，也是重要内容。具体来说，教师在体育课中传习的是各项具体运动技术，如足球运动中的传球技术，甚至可以细分到内脚背传球技术。运动技术不同于其他学科的学习，它不仅需要学生对运动理论有深刻的了解，还要身体力行地参与技术练习，在无数次的重复中逐渐在脑中和身体上建立起对技术的表象反应，最终到熟悉动作以及可以在下意识的情况下做出正确的动作，并通过持续的练习来促进各项体育运动技能的提高与发展。

体育教师是运动技术的掌握者和传播者，他们在向学生传授运动技术的过程中发挥着十分重要的作用。体育教师对运动技术的传授应从简单的、入门的、基础的入手，在此之后逐渐积累，由简到繁，循序渐进。

（五）文化传承

体育知识、运动技能的传授都是为体育文化的传承而服务的，从某种意义上讲，体育教学真正的目的在于教会学生正确的体育运动方法，使其能在未来的生活中对其身心产生持续的良好的影响，更在于一种体育文化的传承。

在体育教学中，对体育知识的传承不是简单的"身体的知识"的模仿，更多的是通过体育教学，来向教学对象——学生，传承体育文化，即体育教师通过体育教学内容向学生展现、传授和体育教学内容的相关文化。

传承体育文化是一个长期的、系统的过程，这一过程涉及学生一生的发展，也涉及整个人类社会的发展。

从学生个人的求学过程和人生发展来说，要想真正实现体育教学传承体育文化的功能，就必须使学生通过不同阶段的体育教学，学习到较为完整的运动知识、运动文化。具体应从以下两个方面着手。一方面，保证单次体育课内容之间教学的连贯。可以把体育课中传习的各种小的运动技术累加起来，学生学到的是某个运动项目的完整技术，继续累加，就学到了各种运动技能。另一方面，保证不同阶段体育教学的可持续发展。体育教学是由每周两至三次的体育课组合而成的一种贯穿全年的教学计划，其中根据不同的教学周期可以分为课程教学、周教学、学期教学及学年教学。比学年教学周期更长的就是多年教学，如小学体育教学、初中体育教学、高中体育教学和高校体育教学，因此应将这几个不同阶段的体育教学有机统一起来，以促进学生对体育文化的系统、全面掌握和传承，使体育知识和文化可以丰富学生的整个人生过程。

从整个人类社会的发展来看，现代教育强调以人为本，人们对以人为本的教育教学理念的追求，使得人类自我知识的回归不仅代表了体育教学的特殊性，还给予了体育教学知识传承的特殊意义。具体到体育教学中，要求教师在体育教学的开展和实施中重视学生的主体性作用，因为学生才是体育文化的继承者和传承人，正是通过对体育知识、技能、文化的不断传承，才使得体育竞技文化、奥林匹克文化、大众体育文化等得以不断丰富和发展，从而促进了人类社会的进步。

（六）美育功能

体育之美表现在多个方面，体育中蕴含着丰富的美，健、力、美同时蕴含于体育运动中，静态的人体造型和动态的运动节律都具有美的特质，都表现出人们对美的向往。体育运动不仅在运动过程中突出了"美"的要素，而且在运动结果上也有淋漓尽致的体现。具体来说，在现代体育教学中，体育教学对学生的美育功能具体表现如下。

第一，体育教学中，通过组织和引导学生积极参与体育活动实践及科学体育锻炼，帮助学生获得美的身材和美的形体。

第二，在体育教学活动中，会组织体育竞赛，学生通过激烈与公平的比赛而获得的成绩，会使学生获得成就感。

第三，体育教学可增强学生审美意识与审美能力。通过系统的体育教学，可以帮助学生树立正确的人体及运动的审美标准，使学生体验积极、健康的审美情感，这不仅表现在对运动者的身体美、技能美的欣赏和判断，还表现在对运动者体育精神美的审视，使学生感受这种体育美，进而提高美学素养，深化对体育美的认知。

（七）改造经验

人类为了获得更好的生活，需要从多个角度不断积累经验，这些经验的积累，在某种程度上代表了生活技能的进步。阅读、写作等均属于经验的范畴。从精神层面上来说，人的道德素养、思想水平、文化修养都是通过各种具体活动得以培养提升的，这也就是所谓的"德"与"才"之间的关系。从品格和经验的角度看，那些不理解公平竞争、不信守承诺等社会品质的人，是会被社会群体所排斥的。从动作经验的角度来看，不论是坐立还是行走，不仅需要神经与肌肉的协同作用，还需要维持生物体正常功能所需的各种操作技巧，并且唯有在实际操作中才可以得到充分的培养。从情感体验的角度看，一个文明的社会不容许人们用粗暴和原始的方式释放不良情绪，其目的是维护社会的和谐与稳定。良好的品行、健康的心理状态、熟练的技能技巧及合理的人际关系都需要通过长期的训练获得。经验不仅是人们认识世界与改造世界的重要资源，也是检验个人品德优劣的标尺，所有上面提到的品行及经验技术都是每一个合格公民所必需的品质。体育活动是一种对人们进行全面生活教育的高效方式，它有助于个体在心理、情感等多个领域，在以身体为中心的体育实践中得到进一步的成长。

（八）改变行为

由体育活动触发的经验积累和适应性能力的提升，有可能导致行为模式发生改变。在各种体育活动中，任何符合社会期望的行为都会因为得到社会的认同和接纳而逐渐增强，反之则会遭到制止。这样做有助于引导每个人的行为更加符合社会的道德标准和行为准则。体育活动能够促进身体素质水平的提高，促使其掌握相应的体育知识，增强他们的竞争意识与进取精神，这对个人的全面成长具有重要作用。参与体育活动能够锻炼、培养和提升个人的聪明才智和勇气。

（九）发展适应能力

竞争在现今社会愈发激烈，唯有快速适应的人才能在这种环境中"生存"。学校的体育教育实际上是一种帮助学生快速适应其所处生活环境的培训方式。尽管每个人都有其独特的适应能力，但在现代社会中，一个人的适应能力应当是全方位的，涵盖了生理、心理和社会三个方面，如果缺少其中之一，就无法获得真正的幸福。因此，高校必须重视对学生适应性的教育，从而更好地促进他们的发展。其中，体育教育活动的核心理念是人为核心，充分尊重学生的兴趣和爱好，这也意味着对学生的适应性能力进行培育和提升。

（十）培养竞争意识

人类的日常生活就像竞技，从和大自然的较量到和竞争对手的角逐，每一场竞赛都是在不断地追求自我完善和超越自我的过程中进行的。个体要想成功地适应环境必须具有良好的适应性和较强的竞争力，参与竞赛的人应该为自己创造更好的环境和条件。其中，此处所指的条件，实际上是受到竞争观念驱使的合理行为。参加体育运动竞赛的人都有强烈的竞赛心理，不论是为了观看比赛还是参与比赛，运动场都为即将到来的竞争提供了一个极佳的展示场地。因此，参加竞赛的人要有充分的心理准备，并能积极地进行各种准备工作。运动场本质上是客观现实社会的一部分，是社会的一个微缩模型。按照"迁移"这一原则，在运动场中人们养成的优良性格及行为变化，有可能被融入他们的日常行为中，从而成为社会普遍接受和认同的元素。正如运动场上总会有胜败，社会生活中也存在着高潮和低谷。在体育活动中，成功被认为是属于强者，失败则被看作属于弱者。当然，荣耀的胜利者是值得尊敬的，但同样优秀的失败者也会受到人们的尊重。在面对胜利时不骄傲，面对失败时也不气馁，积极进取和坚韧不拔的精神绝不应只是运动员所特有的特质，社会上的每一位成员都应当拥有这样的品质。竞争是人们为了达到某种目的而进行的一种有意识、有计划、有步骤的活动，它包括物质手段、精神产品、物质利益等方面的内容。体育运动本身就是一项激烈的竞争活动，其结果通常取决于竞赛者在比赛过程中的表现。站在公平竞争的层面来看，运动场成为培育人们合理竞争的最理想环境。竞技体育运动作为一种特殊形式的社会群体活动，它不仅可以磨炼人的意志和锻炼人的体力，还能促进人的全面发展。学校体育利用竞技体育的某些元素与内容，通过比赛的方式策略，教育学生持续地进步及超越自我，其意义和重要性远超过获得金牌。

第三节　体育教学的基本目标

一、体育教学基本目标的概念

从本质来看，目标是一种预期。体育教学基本目标是对体育教学的一种预期。

体育教学的核心目标是根据体育教学目的来设定的预期成果。预期的成果能够被划分为两种不同的类型，其中一个是阶段性成果，另一个是最终成果，也就是阶段性的目标与体育教学的总体目标。学校体育目标实际上是一种尚未完成的事项，是一种期望达到的境地，它是对学校体育学习结果的期待和前瞻，在一定程度上激励着教师和学生为实现这个目标而共同努力。

体育教学基本目标在很大程度上体现了人们对学校体育与健康课程编制、体育教学实施、课外体育活动、课余体育竞赛和课余运动训练开展中的体育价值的理解，体育教学基本目标是否科学合理，直接影响体育教学过程的实施和效果的实现。

二、体育教学基本目标的层次

从体育教学基本目标的概念来看，目标有大小、长远之分，小的、短期的目标，在体育教学过程中就像是教学路径上的一个"站点"，并且教学的终极目标就是体育教学的"终点"，体育教学的基本目标具有其独特的层次和内部结构（见图 1-3-1）。

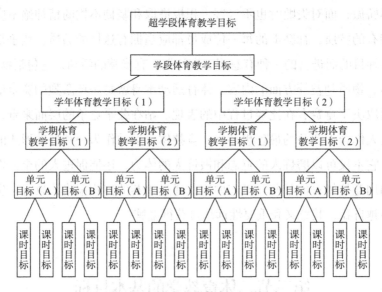

图 1-3-1 体育教学基本目标的层次

体育教学基本目标由多个层次的目标构成，大至超学段体育教学基本目标，小至课时教学目标，如果再细分，还有下位的技术点和知识点教学目标。总之，教师在制订不同教学目标时，一定要充分考虑不同教学目标的上位和下位层次及其功能和特点（见表 1-3-1）。

表 1-3-1　各层次教学目标解析

目标层次	目标功能	目标搭载文件
超学段的体育教学基本目标	与其他学科相对比的体育学科的定位目标	国家教学文件、体育教学论著
各学段的体育教学基本目标	大、中、小学相对比、相衔接的体育教学策略性目标	各学段教学文件、学校体育教学规划
各学年的体育教学基本目标	针对学生身心发展状况和需要的体育教学发展性目标	学校和体育教研组的教学计划
各学期的体育教学基本目标	学年的体育教学基本目标的分割	体育教研组的教学计划

目标层次	目标功能	目标搭载文件
各单元的体育教学基本目标	依托各运动项目学习、特性制订出的教学目标	主要是各个担任教师的教学进度
各学时的体育教学基本目标	根据单元计划的逻辑分割出来的目标	教师的教案

三、体育教学基本目标的特性

体育教学基本目标具有鲜明的特性，其主要表现在以下四个方面。

（一）前瞻性

作为一种教学预期，体育教学基本目标的前瞻性是指体育教学基本目标能对整个教学活动起到很好的指导作用，能促进师生的共同发展。

（二）曲折性

任何目标的实现都不是一帆风顺的，体育教学基本目标也是如此，因此曲折性是其基本特点。体育教学基本目标的曲折性能起到一定的激励作用。体育教学基本目标并不是事实，而是对未来事物的预测，因此要根据当前的具体教学实际制订教学目标，所提出的教学目标既不能过高，也不能过低，过高则难以完成，打击师生的积极性，过低则难以引起学生的学习兴趣。因此，制订的体育教学基本目标需要付出努力，甚至需要经过非常艰辛的努力才能实现的，需要师生协同配合，共同努力。

（三）方向性

体育教学的核心目标反映了特定的价值观，并且这种价值观具有清晰的指引性和方向性。体育教学的核心目标始终是对体育教师和学生进行科学、合理的正确指导，指导他们应该朝哪个方向前进，以及应该走到何处。

（四）终结性

体育教学基本目标是对学生所要达到结果的期待，具有一定的终结性。当然，这里所说的终结不是整个体育的终点，而是整个体育过程的互相联系的每一个

"站点"，所有阶段性教学目标的实现都是为总的教学目标的实现来奠定基础的。

四、体育教学基本目标的制订

（一）体育教学基本目标的制订依据

1. 依据体育目标与体育课程标准

学校体育目标不仅是制订体育教学基础目标的一项关键依据，同时也是国家和社会对学校体育活动提出的一项最基本要求。体育教育专业学生学习过程中的行为选择就是一个典型的例子，它表明了教师对自己所从事工作的认识和理解。教育部基于学校体育的实际发展情况颁发的各级学校体育课程标准，可以说为各年级制订了体育教学的基本目标，最终构建了完整的体育教学目标体系。

2. 依据全面发展的素质教育要求

体育运动不仅要提高学生的运动技能，还要发展学生的综合素质。在德育方面，任何体育运动项目活动的组织过程中，不论遇到怎样的困难都要遵循道德规范和准则，努力实现自己的目标。在智育方面，体育运动项目中，很多运动项目都要求运动者具有高速判断、分析、思维、想象的能力，让运动者的智力得到良好的开发。在美育方面，体育本身就是健康美、形体美的代名词，因此要重视学生审美、表现美、创造美的能力的培养。总之，在制订教学目标时要考虑选择合理的教学内容，使学生的德、智、美的综合素质得到全面发展。

3. 依据体育教学的本质特征与功能

在设定体育教学基础目标时，高校应当高度重视并充分发挥体育教学的核心属性与作用，特别是突出强化体质、促进身体和心理的健康，以及体能的本质特征。

4. 依据学生身心发展的特点与规律

体育教学针对学生，在设定教学目标时必须站在学生的立场，确保体育教学基本目标满足学生的身心发展。受教育对象的个体发育规律对教学的影响非常重要。人体发育有几个敏感期，这些敏感期对体育素质的培养有着非常重要的作用，抓住这几个敏感期进行体育教学可以达到事半功倍的效果。体育教学应充分满足大学生的身心发展需求。在大学期间，要制订更加系统、合理、科学的体育教学计划，此阶段的教学最有可能让学生受益终身，这也是体育教学的根本目标。

5. 依据学生的体育学习兴趣与需求

在体育教学中要重视学生的主体地位，提高学生参与体育运动的兴趣。要想提高学生的学习兴趣，就要根据学生生理、心理和智力特点，将体育运动的趣味性、目的性、对抗性等相结合，使学生由浅入深、由易到难地逐渐掌握体育运动知识，从而获得参与体育运动的基本能力。

6. 依据体育教学的实际条件和可行性

教学条件是实现体育教学基本目标的重要影响因素，也就是说较差的教学环境对体育教学的基础目标的实现产生了某种程度的限制。要想制订出符合客观需要的体育教学基本培养目标，就应该根据客观情况来考虑如何选择适合的具体教学内容和形式。现阶段，在我国不论是各级各类的学校，还是城市和乡村的学校，甚至是同一地域内不同的学校，其体育教学环境和发展状况都存在十分明显的不均衡情况。这些差异不仅直接影响到学生掌握运动技术动作的质量和速度，还间接地影响着教学质量的提高。所以，在设定体育教学的基本目标时，为了确保这些目标是切实可行的，应该基于实际情况，对体育教学活动所面临的不同实际挑战进行综合考虑。

（二）制订体育教学基本目标的要求

1. 层次性

不论是关于体育认知、运动技巧的目标，还是关于情感的目标，这些都有一个从基础到高级的发展阶段。在所有的领域目标里，均存在着从基础到高级的发展阶段，这个过程也是教学的一般规律。

2. 连续性

教学目标具有多层次性，不同教学目标既相互独立，又具有关联性，总目标是通过若干年级目标、单元目标、课时目标的实现而最后实现的，如在不同年级之间、同一年级前后之间、不同单元之间等。因此，制订体育教学基本目标，不论是年级、单元，还是课与课之间都应注意其相互之间的连续性，争取保证每节课的内容一环套一环，由浅入深、循序渐进地完成每一个阶段性体育教学基本目标。

3. 可操作性

教学目标的制订切忌"假大空"，制订的体育教学基本目标应是具体的、明确的、容易操作的，这有利于教师在体育教学实施过程中有一个明确的方向，有利于对体育教学基本目标进行测量和评价。

（三）制订体育教学基本目标的程序

1. 了解教学对象

教学目标主要是关于教学对象的发展程度的描述，因此制订教学目标应先充分了解学生的学习需要，这主要涉及学生的学业表现、学习态度等现状，同体育教育的核心目标之间存在的差异。对教学对象的能力和条件进行分析和了解，通常涉及学生在体能、运动技巧等多个方面已经掌握的技能和条件。在对学生的学习需要与能力条件认真分析和进一步了解的基础上，制订合理有效的体育教学基本目标。

2. 分析教学内容

确定体育教学基本目标前，要对高校体育教学内容的特点与功能进行认真分析。体育教学的基本目标始终和教学内容存在不可分割的密切联系，若体育教学内容没有具体的目标，则教学内容的教学目标也从无谈起，这两者是相互关联和影响的。

3. 编制教学目标

在教学计划的"单元"或者"课"部分，均是基于课程的目标水平来进行陈述的。

五、合理制订体育教学基本目标的意义

（一）充分发挥体育学科教学的功能

只有合理制订体育教学目标后，才可以确切地了解应该实现哪些教学功能。例如，健身目标能有效地促进体育教学的健身功能。同时，还要注意体育教学目标与其他教学目的之间的关系，这样才能够正确制订体育教学的目标。若对体育教学目标进行不合理的设定，就无法将体育教学的功能最大限度地发挥出来。例如，部分教师没有依据当地实际情况制订体育教学目标，这会导致目标严重偏离

体育教学的基本功能，从而无法将体育教学的功能淋漓尽致地发挥出来，让这些体育课变得空洞和虚假，极大地降低了体育教学的质量。

（二）保障实现体育的教学目的

只有合理制订体育教学目标，才可以确保体育教学目标的稳定实现。体育教学的目标是体育教学目的实现的重要标志，比如培养学生健壮的体魄则是实现健身目的的重要标志等。目标之间有着紧密的联系，但又有其各自独立的特点和作用，它们之间既相互区别又相互统一。若体育教学的总体目标不能作为体育教学目标的明确标识，那么这就表示体育教学的目标或意图也将无法真正实现。

（三）确保层层目标衔接，最终实现总目标

为每个阶段制订了明确的体育教学目标，确保每个阶段的体育教学目标总和与总的体育教学目标一致，则表示总的教学目标能够顺利地实现。相反，如果错误制订阶段体育教学目标，那么这将导致阶段体育教学目标的总和无法与总的体育教学目标相匹配，这意味着总的教学目标将无法达成。因为每个学生都有自己不同的学习特点和能力要求，所以在实施体育教育过程中所采取的教学方法也各不相同。所以，准确地制订各个教学层面的目标，并确保各个层次目标之间的连贯性，是实现整体教学目标的关键保障。

（四）明确和落实体育的教学任务

实际上，体育教学任务是由体育教学的目标所决定的。目标从某种程度上来说是一个标志，缺乏这个标志就意味着没有明确的方向，但如果没有具体的行动，那么这个标志就失去了其真正的意义。体育教学目标是体育教师在教学活动中所希望达到的结果和预期的行为方式。所以，为了促进目标的达成，需要具体的体育教学任务。体育教师在设置体育教学任务的时候，应以明确的体育教学目标为基础。高质量的教学目标有助于清晰地定义教学任务，而体育教学的目标和任务分别是"的"与"矢"。只有有了明确的教学目标，教学任务才能更有针对性和实效性，做到"有的放矢"。

（五）规约了体育教学过程

体育教学的目标不仅在方向上为体育教学提供了方向指引，同时也在具体的

实施步骤与方法上也起到了指导和规范的重要作用。体育教育应该达到什么样的效果；所需要满足的条件有哪些；要实现什么样的成果，然后再实现什么样的成果；等等。只有厘清这些问题，才能为制订切实可行的教学计划奠定基础。体育教学的目标为体育教学设定了一个大致的发展轨迹，其中体育教学的推进也是实现这些教学目标的关键步骤。在体育课堂教学中，体育教师根据自己的实际情况制订相应的目标，并将其贯彻到整个体育教学活动之中，从而达到预期目的。由此可知，体育教学目标的明确，不仅有助于体育教师更好地控制教学活动，还能进一步增强体育教学设计的前瞻性及科学性。

（六）指引、激励教师的"教"与学生的"学"

制订目标事实上是将人们的愿景及付出的努力方向直接反映出来。因此，体育教师必须根据体育课所应完成的任务来确定其目的、要求与内容等问题，从而使体育教师能正确地把握好这一关系。当明确的目标意识延伸到人们的行为领域，同时与之相互关联时，便会产生相应的动机与动力来源。教师只有通过科学的体育教学目标才能促使学生自觉地、有目的地去完成体育教学，从而达到促进健康、增强体质的教育目标。尽管体育教学的目标不是完全由教师和学生共同设定的，但一个合适的体育教学目标，却能够将教师的努力方向和学生的学习意愿反映出来。所以，一个科学且合理的体育教学目标，不仅能够为教师提供明确的工作方向，还能有效地激发学生的学习热情。体育教学目标既能指导教师的实践活动，又能帮助学生掌握知识技能，它是完成体育课堂教学任务的指南，同时还是评价教学质量高低的标准。体育教学目标为教师明确了体育教学预期的成果，并使他们对自己的工作目标和努力方向有了清晰的认知。体育教学目标还能帮助教师确定好自己的教学方法及策略，从而更好地为完成教学任务。体育教学目标的持续达成，不仅能激励教师，同时在实施过程中遇到难题也会促使教师及时发现并认真解决这些问题。由此，明确具体和实用的教学目标，能有效地指导教师更加努力地工作。因此，体育教师要根据实际情况来科学制订适合自己教学特点的目标，这样才能激发学生对体育课的兴趣。同样地，体育教学目标的制订为学生在体育学习中提供了一个明确的标识，帮助他们清晰地认识自己与既定目标之间存在的差异。持续地实现这些学习目标，不仅能激发学生的积极性，而且在遇到难题时也能激励他们前进。因此，设定明确且实际可操作的教学目标有助于激发学生的学习热情。

（七）形成检验教学成果的标准

制订体育教学目标不仅是一个明确的终点，也是一个重要的标志，所以体育教学目标本身就是一个非常明确和可评估的标准。在教学过程中，是否能达成阶段性的目标是体育教学质量评价的准则。体育教学质量评价的标准是在教学过程结束时，是否达到了总目标。从这一层面来看，体育教学的目标与任务缺乏明确的标准，这使得它们并不适合作为科学检验体育教学效果的具体标准。

六、体育教学基本目标的实现途径

（一）体育教学课

体育教学课是体育教学活动的重要组成部分。体育课是教育部制订的教学计划所规定的各级各类学校在九年义务教育和大学教育期间都应该开设的必修课。每个教育阶段所开设的体育课都有相应的课程标准或教学大纲，按相应的班级授课。一般从小学一年级到大学二年级，体育课每周有两学时，有的省市也在试行每周三学时。体育课有统一的体育课本和一定的场地器材设备做保证。通常情况下，体育课是学生毕业、升学考试的考试科目之一，每学期或学年都要进行相应的考核。

（二）课外体育活动

课外体育活动是学校体育的重要组织形式，它是指正式体育课之外的学校体育活动，是《学校体育工作》条例规定的各级各类学校所必须开展的工作，其活动形式和时间安排由学校工作计划和学校体育工作计划确定。课外体育活动是学校体育的重要工作，是实现体育教学目标的重要途径。

课外体育活动的内容异常丰富，主要包括早操、课间操、课外体育锻炼、个人体育锻炼、班级体育锻炼、课余体育训练、课外运动竞赛以及节假日组织的郊游等各种形式的体育活动。

在体育教学中，课外体育活动对增进学生体育知识和技能，丰富学生的课余生活，培养学生的体育兴趣，形成良好的作息制度和习惯，提高学生学习和生活的质量等方面都具有重要作用和意义。

第四节　开展体育教学活动需遵循的基本原则

一、自觉积极性原则

（一）了解和熟悉学生

作为教师，其有责任深入了解并熟知所教授学生的个性与实际情况，只有这样才能根据不同情况因材施教。教师应该深入了解学生的兴趣、所需、所擅长的领域，以及他们的不足之处，这样才能有的放矢地做好教育教学工作，同时这也是教师有效进行体育教学活动的基础条件。如果能在体育课上了解这些情况，那么对于提高教学质量会起到事半功倍的效果。然而，真正深入了解学生的内心是相当困难的。教师在与学生的互动中应具备"知人知面又知心"的能力。实现这一目标的关键在于教师，原因是教师在师生关系中起到主导作用。如果教师不主动去深入了解和熟悉学生，关心他们，那么学生就无法对教师产生信任，因此也就不能称为"知心"。所以，只有当教师真正做到知人、知面和知心，才可以为充分激发学生的主动性打下坚实的基础。

（二）发挥教师的主导作用

学生的主动性和积极性，需要经过一系列的工作才可以得到充分激发。因此，为了激发学生的学习热情，教师的主导作用是不可或缺的。教师只有充分发挥自己的作用，才能更好地为提高教学质量服务。教师在教学过程中的主导作用，一方面是通过讲解、示范等方式来引导学生，另一方面是为学生创造和提供一个有利的学习环境，以便外部因素可以迅速而有效地转变为内在因素，进而充分激发学生的主动性和积极性。

（三）建立民主平等、情感融洽的师生关系

教师在体育教学活动中不仅需要作为学生的楷模，还要教书育人，高标准地

严格要求学生，并以满腔的热情去关心和信任他们，以实现教师和学生关系的和谐。因为学生的学习过程本身就是一个能动的心理过程，它需要一定的外部刺激来完成。情感是紧密相连的，体育教师和学生之间建立一种相互了解、相互帮助、彼此尊重的新型关系，是实现教学相长、提高教学质量的关键。此种良好的人际关系，可以促使学生更加积极地融入体育教学之中。

（四）注意培养学生学习的内在动力

学生学习内在驱动力，实际上是激励他们的内在动力。教师有责任持续提升教学过程中的艺术性及启示性，以有效培养、激发和不断提升学生的学习动力与兴趣。动机构成了所有行为的基础，并为学生的学习和锻炼提供了心理支撑。激发和保持学生良好的学习动机是课堂教学中最重要也是最为复杂的工作之一。教师在教学中应该让学生形成正确的学习动机，以便使他们的主体性得到充分的发挥。

（五）培养学生自学、自练和自评的能力

独立学习、自我练习及自我评价的能力构成了培养学生持续参与体育锻炼的习惯和形成终身体育锻炼观念的关键基石，它直接影响着学生的学习效果，也决定了教师在教学活动中如何激发学生的学习动机。在教师主导作用的基础上，也应该为学生的自主学习、实践和自我评价能力培养，提供积极的外部发展环境，让学生能够自主、积极地进行学习和锻炼。

二、直观性原则

在体育教学过程中，直观性原则要求教师灵活运用各种直观的方法以及学生已有的经验，通过学生的各种感觉器官来全面感知事物，从而培养和提升学生在观察和思维方面的相关能力，让学生能够获得直接的经验和感性认识，从而为他们全面掌握体育知识、技术及技能打下坚实的基础。

"确定直观性原则的依据是辩证唯物主义的认识规律"[1]。这是《自然辩证法》中关于认识基本规律的重要观点之一。从直观的生活方式到更为抽象的思考，再从这种抽象的思考方式转向实际操作，就某种程度来说这是认识规律和客观现实

---

[1]　黄超文，龚正伟，张子沙. 现代体育课程教学论 [M]. 长沙：湖南科学技术出版社，2006.

的辩证路径。人们的感性材料，经过大脑分析加工而形成理性认识，这是客观事物本身所固有的属性，它决定着人类社会发展的进程。所有知识的起源，均是基于人们的身体感觉对外部环境的有效感知。因此，人们要学习某种事物，就离不开这种感性材料，而通过这些感性材料获得新的理性认识，才有可能去理解它、研究它。在体育教学过程中，学生从形成直观的理解开始，逐渐掌握体育相关的知识、技巧和方法。因此，教师要根据教材特点，结合教学内容和学生心理特点，采用多种教学方法进行直观教学。教师必须确保学生能够感知他们所学到的动作，其中就包括触觉和本体的感知。基于这些感知，教师需要建立一个完整且正确的动作形象和概念，从而为学生掌握与体育相关的知识和技术打下坚实的基础。因此，在体育课中如何加强直观教学是体育教师应该研究的问题之一。以下是实施和应用直观性原则的基础准则。

（一）综合运用身体的各种感觉器官

体育教师在体育教学过程中，除了利用视觉和听觉来感知动作的形态、构造及关键点，还需要通过触觉与肌肉的固有感知，了解肌肉在完成动作的过程当中的施力强度、方式等，从而使直观教学的效果得到大幅度提升。

（二）充分发挥教师本身对学生的直观作用

教师进行的所有活动均是学生观察的具体目标，尤其是教师的动作示范、语言表达等，均是学生获取生动直观体验的关键途径。在教学过程中，教师要善于利用各种手段，把学生引入特定情境之中，激发其学习兴趣。学生具有较强的模仿能力，因此教师应该利用闲暇时间不断提升个人修养，借助不同手段和方式努力提升体育理论知识及运动技能水平，同时既要注重动作技术示范的准确性，也要强调动作技术的规范性。

（三）充分运用多种直观教具和手段

为了实现直观的教学效果，体育教师在教学中应该充分利用各种教学工具及现代化的教学方法，如模型、图片等。

（四）善于引导学生观察和激发学生积极思维的能力

直观性实际上是学生对运动中动作图像的直接观察实现的。教学中，教师要使学生对所学的内容有直观印象和感性认识。在教师的正确引导之下，学生通过全面的分析、对比和理解，认识他们正在学习的内容与他们之前学习身体锻炼之间的关系。识别运动动作的技术框架与核心要素，并明确正确与错误动作之间的差异，这样才可以构建正确的运动表象。

三、身体全面发展原则

（一）全面贯彻教学大纲（或课程标准）提出的目标和要求

体育教师应该对国家教委发布的体育教学大纲的核心理念进行深入学习和理解，并全方位地认真贯彻和实施教学大纲中所规定的目标与要求。这就要求教师根据学生的年龄特点、生理需要、心理品质来安排教学内容，组织好课堂教学活动。在制订教学计划和进度的过程中，体育教师应该对各种教材与考核项目进行科学组合，以确保学生能够得到全方位的身体锻炼。

（二）身体全面发展的原则落实到课堂教学的全过程

在课程的预备阶段，教师需要确保内容的全面性和多样性。教材的基础部分需要经过科学和合理的组合，一个较为理想的选择是在准备阶段主要集中于"激活"身体各部位的肌肉、关节与韧带，基本部分安排一定数量的器械动作训练，确保身体的每一个部分都得到充分的伸展，为达成课程目标做好充足的准备。教材的基础部分既包括以上肢为核心的训练，也涵盖了以下肢为中心的训练，旨在让学生的身体得到全方位、和谐地锻炼与成长。在课程的尾声，教师应该有序组织和安排一些放松的活动，并为学生分配课外的体育任务，从而可以有序地结束课程。

（三）不断克服单纯从兴趣出发的倾向

在体育教学过程中，教师应该通过多种方式充分激发学生的学习热情，让他们愿意投入高质量的体育课程中，只有这样才能收到良好的效果。古代智者曾言："知之者，不如好知者，好知者，不如乐知者。[①]"可见兴趣对于学习活动有很大的作用。所以，为了充分激发学生的学习热情，实施一系列的策略和手段是至关重要的。教师根据教材内容激发学习兴趣，其实体育教材中蕴含着许多有趣而又

---

① 孔子. 论语 [M]. 西安：三秦出版社，2018.

有教育意义的内容，这些内容对促进学生健康发展起着不可忽视的作用。然而，体育教师应该明确区分激发学生兴趣和仅从兴趣角度出发这两个方面，只有从兴趣出发才能收到预期的效果。以学生的兴趣为出发点，可能会偏离体育教学大纲和全面锻炼的基本原则，导致教师只根据学生的喜好进行教学和练习，这种过度迎合学生兴趣的方式，如果长时间进行下去，可能会产生一系列的不良影响。在教学中，教师应根据不同层次、不同水平学生的心理需要，采取各种方法，充分调动其积极性。

四、循序渐进原则

循序渐进是体育教学的基本原则，最早由夸美纽斯（Comenius）在《大教学论》中提出。在进行体育教学时，教师应该严格按照循序渐进的原则进行，因为只有这样学生才可以对体育相关的知识、技能和技术进行全面掌握，从而收到良好的效果。

（一）制订好教学文件、安排好教学内容

只有在保证教学文件和教学内容都安排妥当的情况下，才能执行教学工作。所以，在开展教学活动之前，务必拟定一套教学计划方案，并且该方案除了具有系统性，还应该具有科学性。简单来说就是，教师在选择每一个运动项目、每一堂课、每一个学期的教学内容和方法的时候，均应该保持连贯性，并逐渐提高教学难度，使学生有计划地安排自己的体育活动，以达到预期效果。教师需要按照从简单到复杂的顺序来考虑运动项目，并且在考虑与其他运动项目的互动时，必须确保前一个项目的学习为接下来的项目学习打下坚实的基础。

（二）有序提高运动负荷

体育教学以身体练习为主，具体的运动负荷提高要循序渐进，以采取波浪式、有节奏地逐步提高为佳，因为机体需要一定时间的适应，课程需要交替、有节奏地安排。合理地利用超量恢复是生理负荷提高的有效措施。

五、巩固提高原则

学习应"温故而知新"，根据遗忘规律和运动条件反射建立与消退的理论，

学生学到的知识与技能在一段时间内，如不经常复习就会遗忘或消退。学习过程的"用进废退"原理，对所学习的运动技能进行反复练习，有助于体能、技能和运动能力发展。因此，要注意巩固提高所学到的知识和运动技能。体育教学多为身体的练习，如果这种练习不能得到巩固，就会随着时间的延长而消退，可见巩固提高是十分必要的。

在体育教学中，科学落实巩固提高原则应做好以下工作。

第一，体育教师应重视良好体育教学方法和训练方法的选择，利用讲解、示范、练习、提问、评价等方式，保证师生间及时传递信息。根据信息有效性的原则，信息传递得越及时，损耗越小；信息的准确度越高，所产生的教学效果越好。也可以通过提问、考查、竞赛等方式，巩固提高体育知识、技术和技能。

第二，体育教师应合理安排训练计划，让学生进行反复强化的练习，增加练习的密度，不断巩固运动条件反射，使其获得进一步的巩固和提高。制订合理的训练计划可以让机体在巩固提高的过程中避免出现过度疲劳，损伤机体。

第三，不断提出新的学习目标，使学生在前一教学目标实现的基础上，为进一步完成新的学习目标努力练习。

六、科学负荷原则

（一）合理安排生理负荷

由于学生在性别、年龄和健康状态上存在差异，因此体育教师在安排生理负荷的过程当中应该进行差异化的处理。对于具有不同特性的教材，教师应当深入思考它们对人体功能的各种影响和作用，并据此科学规划。体育课是以提高身体素质为主的体育教学过程，因此教师必须了解各年龄阶段的生理特点及其变化规律，以便有针对性地选择教学内容和方法。同时，教师在制订生理负荷计划的时候，应该对学生的日常生活习惯、营养状况、其他身体活动的压力等因素进行综合考虑。

（二）正确处理生理负荷的量和强度的关系

体育教师在教学中应该恰当处理生理负荷的量与强度之间的关系，确保两者之间的协调性。体育课内容多而复杂，教师有必要根据各方面的实际情况进行合理分配。一般情况下，教师在体育教学过程中首先要提高学生的负荷量，待他们适应后，再逐步提高其强度。若长期进行高强度的负荷运动或过度训练，容易让机体产生疲劳，甚至引起机能失调，使身体不能正常工作而影响训练。当增加负荷量的时候，其强度应当适度降低。当强度继续上升的时候，则应该适度地减少其负荷量，这种负荷量与强度的交替变化是紧密相关的，唯有如此学生的负荷承受能力才能逐渐增强。

（三）正确处理生理负荷的表面数据和内部数据的关系

所谓的表面数据，指的是运动动作训练的强度。内部数据描述的是由负荷量与强度导致生理和生活上的变动。在运动训练中，同样的表面数据对于不同学生可能带来截然不同的效果。在大多数情况下，生理负荷的表面数据和内部数据保持高度的一致性。只有综合考虑表面数据和内部数据，才能全面了解生理负荷的实际影响，从而作出准确的评价和判断。然而，由于学生体质和身体训练水平的差异，一定负荷量的表面数据对不同学生的影响可能会产生不一样的内部数据。所以，在对生理负荷进行分析的过程中应当综合考虑表面和内部的数据，以便进行准确的判断与科学的评价。

（四）安排好心理负荷

在安排心理负荷的过程当中，教师应该和教学进度、生理压力相互协调，从而确保节奏性，最终实现教学效果的相互平衡和补充。

（五）科学地安排休息的方式和时间

考虑到生理和心理的负荷特性，教师在教学中需要科学地规划学生休息方法与时长，从而达到最佳的休息效果。

（六）做好生理和心理负荷的测量、统计和分析工作

在对体育课的质量进行评价的时候，教师一方面需要精准测量生理负荷，另一方面还需要测量心理负荷，这样才能从生理和心理两个不同维度进行全方位的客观评价。

七、因材施教原则

体育教学活动应围绕教学对象合理展开，不同学生之间具有共性与特性。共

性体现在身体年龄阶段发育的稳定性和普遍性；特性则是每个学生的性别、遗传、生长环境、教育水平、认识能力、身心发展等各方面存在的差异，而具体到学生具备的体育运动能力的话，这种差异性就更加明显，如在热爱运动的家庭中成长起来的学生，其受父母影响，从小就喜欢参与体育运动或参加业余体育训练，他们的运动水平会比同龄人的平均水平高一些。因此，体育教学中应重视不同学生及同一学生在不同学习阶段的差异，因材施教。

在体育教学实践中，贯彻因材施教原则要求教师做到以下四点。

（一）深入细致地研究和了解学生之间的差异

具体来说，教师可以在学期前进行一些测试或座谈交流，了解不同学生在身体条件、兴趣爱好和运动技能等方面的差异。此外，教师应认识到学生个体差异的变化和发展规律，如有些学生在一开始的测评中被认为没有很好的运动天赋，但是其本人非常热爱体育运动，在平时的课堂上也非常积极地配合教师完成各种教学内容，从而有了突飞猛进的进步，对此教师要有长远的眼光，重视学生的长期发展与提高。

（二）引导学生正确对待与同伴之间的差异

差异的存在，如果利用得当，还是一个教育鼓励学生之间互相帮助、培养团队意识和集体精神的好方法。学生之间的运动天赋和对体育的了解各有不同，要在体育教学中贯彻个体差异性的原则，教师应在充分了解学生个体差异性存在的基础上，向学生讲解个体差异的存在，并引导学生正确看待差异。差异的存在是客观的，然而这却不能成为歧视天赋较差学生的理由，同时教师也不能过分偏爱天赋较好的学生。

（三）针对不同学生选择相应的教学方法

在体育教学中，有些项目是不能根据"等质分组"来处理的。因此，教师面对这种情况就要运用其他方法来对待个体差异性，如安排"绕竿跑""定点投篮"等教学方法，以便使在某些项目中没有任何特长的学生依旧对体育产生兴趣，而不是成为体育课堂的"局外人"。体育教师应让每一个学生参与到体育教学活动中来，体验运动的快乐，在此基础上获得提高。

（四）重视个体差异性与统一要求的有机结合

每一个阶段的学生都有其应达到的教学目标要求，这是经过诸多专家和学者研究而确定下来的，不能因为某一个学生的特殊性而不要求其达到该标准。学生的个体差异是客观存在的，教师应在教学中充分重视这一点，但是体育教师也要立足于整个班级的教学，对学生进行统一要求，以促进学生完成教学任务，达成体育教学目标。学生的差异性应是在统一教学目标实现的基础上，使不同学生有不同的发展。

八、专项教学原则

体育教学内容丰富，种类多样，不同内容的体育教学对学生的要求是不同的，因此教师应结合体育教学项目的特点和规律突出不同教学项目的专项性。

专项教学原则符合从实际出发的基本规律，具体要求如下。

第一，体育教师应通过科学准确的讲解，让学生明白所学的体育运动项目及本次课教学内容与其他体育运动项目的不同之处。

第二，体育教师应重视学生专门性知觉的优先发展。体育运动通常是在具体的运动环境中进行的。以篮球为例，篮球运动围绕篮球、篮球场地及场地上的器材进行，运动过程中学生对环境和器材的感知是专门性知觉发展的过程，其中手指、手腕对球的控制能力对篮球教学至关重要，因此教师应重视学生对球控制能力的优先发展。

第三，体育教师对教学方法和活动设计要符合专项运动对学生的素质要求。

九、终身体育原则

与其他学科教学不同，体育教学由于教学场所的变化和所需体育器材的参与，都给教学安全提出了较高的要求。体育教学既是安全教育的难点，又是安全教育的重点，在体育教学中要保证学生的基本安全。体育运动的美是建立在冒险上的，这也是体育的本质属性和魅力之一。

在体育教学活动中，受各种因素的影响，会出现各种安全隐患，这是不可避免的。因此，在这样的情况下，应尽量减少和避免意外伤害事故的发生。体育教学的活动安全原则要求做到以下 3 点。

第一，加强对学生进行安全意识教育。加强学生的安全意识，对此教师在日常的体育教学中要不断教导，让每个学生都建立起安全运动的意识。在体育课堂中严格按照教师的要求去做，注意课堂纪律，参与体育活动量力而行。

第二，对各种隐患考虑周密并作相应预案。体育教师在长期的教学过程中积累了丰富的经验。将这些内容加以汇总和归纳，并对可能发生的危险作出相应的预案，一旦发生意外，能冷静处理。

第三，建立与运动安全有关的安全制度。

第二章　高校体育教学的发展

本章主要讲述了高校体育教学的发展，分别从体育教学的产生和发展、我国高校体育教学的发展现状以及高校体育教学发展的趋势与对策三个方面展开了详细论述。

第一节　体育教学的产生和发展

一、世界体育教学的产生与发展

（一）古代欧洲的体育文明

古代欧洲文明的发源地是古希腊，古希腊人追求人类的健康发展，崇尚自然的人体健康之美，早期的古希腊人有着丰富多彩的体育生活，这在现代考古发现中也得到了证实。

"从现有的大量文献中发现，早期的古希腊人崇尚体育活动，体育竞技是古希腊人生活的重要组成部分，当时，有一些关于体育竞技活动的描述和体育活动术语的出现，如竞技、训练、体操等。其中，体操是古希腊一切健身活动和方法的总称。"[①] 从概念的界定来看，"体操"一词近似于现代的"体育"，古希腊的运动场中，如角力场等，设有大量的与体育活动，如跑、跳、投、拳术等有关的设施，是古希腊人参与"体操"活动的重要场所。

在全世界范围内，古希腊人对于体育的痴迷是其他国家和地区的人所无法比拟的，古希腊人将体育与神灵崇拜结合在一起，认为古希腊神灵都是拥有无比强大的体育能力的，他们将这种对神灵的敬畏融入日常生活以及对于神灵的祭祀中去。古希腊人将人体美、竞技精神及高超的技艺等作为对自己和后代的重要要求，

---

① 龚坚，张新.体育教育学 [M].重庆：西南师范大学出版社，2006.

通过教育和训练提高自身的体能和运动技巧，并在特定日期举行盛大的祭祀神灵的体育表演活动，后发展成为古代奥林匹克。

（二）欧洲早期学校的体育

学校比学校体育的产生和出现时间都要早，且为体育在学校产生打下了相对坚实的物质基础和制度基础。古代文明产生之初，人类的教育主要和生产劳动与身体锻炼有关。据考察，在古埃及、古巴比伦、古印度等文明古国中，都曾出现以宫廷学校、祭司学校、神庙学校等为贵族子弟开办的专门的学习场所，其教育内容大多与体育相关，涉及箭术、骑马、驾车、使用刀剑等体育活动内容。

在欧洲早期的学校中，最著名的学校教育模式是古希腊奴隶社会的斯巴达和雅典的体育教育。与其同一时期的其他国家相比，斯巴达和雅典的学校教育是当时最为先进的一种教育形式。公元前8世纪，斯巴达是一个极端军事化的城邦国家，文化学习在当时并不受重视，教育以军事训练为主，全体斯巴达人都被编入军队，尤其重视对氏族贵族子弟（包括女子）的训练，其军事体育训练的基本项目是赛跑、跳跃、角力、掷铁饼、投标枪等。在雅典，学校教育同样以体育教育为主，雅典人从小（7岁左右）就接受学校教育，学习文法、音乐和体育，并在12岁进入体操学校进行系统的体育操练教育，操练内容和斯巴达的军事训练项目大体一致，目的是锻炼雅典人的体魄，并强调人的身体素质和精神意志的共同培养与提高。

古代奥林匹克是古希腊重视体育发展的重要表现之一。作为古希腊重要的社会活动之一，古代奥林匹克运动会的主要内容是体育竞技活动，古希腊各个城邦都十分重视体育的教育与训练，在奥林匹克运动会上取得良好成就的人被誉为民族英雄，因此在当时有专门培养奥林匹克竞技人才的体育学校。从整体来分析，最开始的学校教学内容主要是体育。

（三）欧美早期的体育思想

1. 文艺复兴时期的体育思想

14—17世纪欧洲文艺复兴时期，一大批新的关于人自身发展的思想被提出，在这些思想下，催生了西方早期的体育思想，并直接推动了现代教育的产生。

文艺复兴是重要的思想启蒙和解放运动，通过文艺复兴，人们实现了对人自身的回归。在文艺复兴的影响下，人们开始关注自身的娱乐与发展，欧洲文艺复兴运动逐渐兴起，人文主义教育观在教育领域得到广泛传播，体育在教育中得到重视。一些人文主义者开始利用一些民间游戏和军事训练活动来提升自身涵养。

中世纪后期，现代体育雏形已经形成。骑士制度是欧洲体育史上的一个亮点，骑士精神备受欧洲人们的重视。要成为一名骑士，就必须接受系统的训练，"骑士七技"是骑士教育的核心：骑马、游泳、投矛、刺剑、狩猎、弈棋、吟诗。内容多与体育有关。

2. 启蒙运动中的体育思想

文艺复兴之后，欧洲经历了宗教改革和启蒙运动等，思想的大解放促进了教育思想的不断发展，现代教育思想逐步完善。其后的工业革命使现代社会发生了巨大的转变，这为学校体育教学的产生奠定了现实基础。

17—18 世纪，欧洲启蒙运动正式开始并进一步影响了人们对自身发展的看法和思考，这是继文艺复兴之后欧洲进行的又一次思想解放运动，近代科学精神得到充分发展，现代自然科学得到了快速的发展。

在启蒙运动中，先后出现了很多杰出的思想领袖，同时提出了一系列和体育教学相关的观点和思想，现代教育理论由此获得了快速发展，学校体育从"活动"逐步转变成"课程"。

被誉为"近代学校体育之父"的著名捷克民主主义教育家——夸美纽斯（J. A. Comenius）提出"适应自然"的教育原则，奠定了近代资产阶级教育理论和学校教育的基础。作为促进这一重大转变的先驱夸美纽斯指出，"健全的人应保证机体和智能的健康，并达到身心健康发展的统一"①。

让·雅克·卢梭（Jean-Jacques Rousseau）是 18 世纪最杰出的思想家和教育理论家，他主张在非自然中效法自然的法则，采用自然的方法对儿童进行包括体育在内的全面教育。卢梭认为，"体育教育是其重要的教学内容"②。

博爱派教育家把洛克和卢梭的体育思想变为教育现实。1774 年，博爱学校成立了，这所学校会在每年特定的时间让学生进行一定的野外体育活动，最初有骑马、舞蹈、击剑等项目，之后又增加了一些新的田径项目，构建了最早的现代学

---

① 史兵 . 体育教学论 [M]. 西安：陕西师范大学出版社，2006.

② 龚正伟 . 体育教学论 [M]. 北京：北京体育大学出版社，2004.

校体育课程体系。博爱学校解决了如何对大多数儿童实施体育教育的方法问题，它所实施的体育教育被认为是近代学校体育的开端。在博爱学校体育课程体系的影响下，欧洲各国的学校体育教育迅速发展并完善，各国体育教育的内容和方法基本定型并趋于统一。欧洲学校体育体制基本确立。

（四）国外学校体育的发展

1. 学校体育遭到神学思想的排斥

亚历山大帝国统一后，西方社会进入希腊文化发展后的时期，欧洲成为西方体育发展的中心，同时这一时期，西方体育开始向东方发展。

古希腊的独立性开始丧失，体育的军事功能降低，体育教育更加注重学生的身体健康发展。同时，古罗马建立了自己的学校制度，体育在学校教育中遭到排斥。

封建社会时期，欧洲基督教会掌握着国家的政治权力，神权思想下的体育教育在学校遭到全面否定，整个西方社会笼罩在宗教神学思想的统治之下，学校被教会控制，学校教育中的体育教学内容只为培养少数骑士服务。

2. 思想解放运动与工业革命推动下学校体育的回归

随着资本主义生产方式的发展，西方自然科学得到了飞速的发展，这一时期，人们更加认识到体育与人类健康发展之间的密切关系，很多思想教育家都肯定了体育对人类健康、社会进步的重要意义和作用。

在启蒙运动和工业革命的推动下，自然科学得到了快速的发展，人们对于人体科学的研究逐步深入，这对于体育教育的科学发展起到了积极的推动作用。

工业革命对劳动力提出了更高的要求，各国进一步认识到体育教育增强劳动力体能素质、体质的重要性，先后通过立法手段将体育作为学生的必修课，这一方面的举措使得体育确立了其在学校课程体系中的重要地位。

学校体育教学内容方面，19 世纪，瑞士最伟大的教育家裴斯泰洛齐（Pestalozzi）为世界教育的发展作出了重要的贡献。裴斯泰洛齐提出了很多教育理论方面的独创论述，是使体育课程臻于成熟的代表人物，他提出"教育心理学化"的思想，创立了和谐发展教育和"要素"教育理论。教育应按照自然法则对学生的道德、智慧和身体各方面的能力进行均衡发展，主张应重视对体育活动中的学生的关节活动，按照人体关节活动的难易程度安排体育教学。

在学校体育教学人才培养方面，19 世纪，美国、瑞典、德国等一些国家开办了相应的体育学校，用以培养专门的体育教师。这一阶段，体育教育思想的发展使得大规模、标准化人才培养成为可能。专门培养体育师资的体育师范学校的出现，成为现代意义上的学校体育科学化最明显的标志之一。就这个阶段的学校体育教学课程而言，学校体育还产生了课程化的形式、班级授课方式、年级授课方式。

3.20 世纪西方现代学校体育教学的发展

20 世纪初期，一些教育家和思想家先后提出了一些关于学校体育有效促进学生发展、符合社会发展需求的改革思想，这些思想直接影响了学校体育教学的发展。这一时期，世界各国结合实际情况从不同的角度对学校体育进行了改革，提出了许多新的学校体育教学理论，并促进了本国学校体育教学的发展。

奥地利学者高尔霍夫尔（Gaulhofer）认为，应根据儿童的成长规律和兴趣爱好等来设计促进儿童成长发育的课程。高尔霍夫尔设计出更加符合学生需要的体育实践形式，他不仅创立了富有特色的教材体系，还提出了"儿童中心主义"的教学法。此外，还首次提出要系统地考虑速度、耐力和灵敏的运动学特性的授课安排。高尔霍夫尔这些教育思想促进了整个西方体育教学的改革。

美国 20 世纪初兴起的"新体育"理论在这一时期获得了较大的发展，并逐渐成为美国体育学界的主流思想，它是新体育运动中体育课程改革的主要理论。该理论最早由美国学者托马斯·伍德（Thomas Wood）和赫塞林顿（Hetherington）提出的"新体育"学说发展而来，它认为传统的体操并不能完成体育教学的任务，应对体育的目标和手段重新进行诠释。同时，该理论体系还将学校体育教学的关注点从个体健康层面转移到社会化教育层面，对欧洲体育教学进行了本土改造。

第二次世界大战以后的一批新建社会主义国家在苏联的影响下，效仿建立了"劳动与卫国体育制度"模式的学校体育体制。另外，这些国家还规定了统一的学校体育大纲，成立了体育学院，加强了体育师资的培训，实现了学校体育的规范化，并在青少年中推广体育锻炼活动。

在学校体育教学思想方面，以苏联为首的社会主义国家阵营特别强调主智主义和科学主义。

4.21 世纪世界学校体育的新发展

21 世纪，整个世界进入信息化和网络化时代，科学技术快速发展，世界政治、经济、文化交流频繁，各国的教育事业向着以新技术革命为中心的方向发展。

在崭新的阶段，世界学校体育教学呈现出的特点如下：第一，学校体育越来越重视终身体育和健康休闲体育；第二，学校体育教学内容更加丰富，竞技、表演、娱乐、健身等多元教学内容均有所涉及；第三，学校体育教学重视在促进学生身体发展的基础上，发展学生的心理、智力、社会能力；第四，在新的科技革命作用下，学校体育教学形式和方法多样化，电化教学、微课程教学、网络教学等都是现代体育教学的新方式；第五，现代新技术在体育教学实践中的运用更加广泛，各种现代化的手段、检测仪器使得学生的体质测评更加科学。

二、我国体育教学的产生与发展

（一）我国古代体育教学的产生与发展

我国古代最早的学校产生于奴隶社会时期。夏朝的学校被称为"校""序"等，商朝又出现了"大学"和"庠"两级施教的学校教育，其学校教育内容主要是军事和宗教，其中已包含学校体育教学的萌芽。发展到西周时期，学校又有了进一步发展，分为"国学"与"乡学"两种，教育内容以礼、乐、射、御、书、数六艺为主，用来培养奴隶主贵族子弟。在六艺之中，"射"是指射箭的技术，"御"指的是驾驭马车的技术，这都属于军事技能的训练，但也具有体育的性质；"乐"指的是音乐、诗歌、舞蹈等，而舞蹈也包含体育的意义。这些便是我国古代学校体育教育的雏形。

到了东周时期，我国社会由奴隶制向封建制社会转变，由原来的"学在官府"向"学在四夷"转变，私人讲学、办学之风兴起。同时，学校的体育教学也发生了很大改变，由奴隶制的"为政尚武"向新兴地主阶级的文武兼学、文武分途转化。当时的教育家孔子从文武兼备的教育思想出发，明确提出了"有文章者必有武备"的主张，进一步深化了学校体育教育。

秦汉时期，我国古代的封建社会制度已经形成，同时确立了儒家思想的正统地位，学校教育以"六经"为主，重文轻武，偏重德育、智育，几乎没有学校体育教育。魏晋南北朝时期，"玄学""清谈"之风盛行，重文轻武的教育思想进一步发展，学校体育教学日趋衰败。但是，由于北朝各代被少数民族所统治，他们非常重视军事训练与身体的锻炼，所以一些北朝政权会在学校中设有军事技能训练。

到了唐朝，封建统治者开始注重武备，同时创设了武举制度来培养和选拔军事人才，这就很好地激发了社会上的习武之风，有效地促进了学校体育教学的复兴。文举和武举分开的科举制度，也使得文武教育分途。宋明以来，理学逐渐在社会上盛行，重文轻武的问题，严重影响了学校体育教学的进一步发展。但是出于政治和军事的需要，其军事教育和军事训练都有了新发展，比如宋朝开始兴办武学；明朝恢复了"六艺"的教育内容，增设了习武场地设备，实行"儒生习武"等。在清朝初期，统治者十分注重武学的重要性，实行文武并重、文武合一的教育制度。但是到了清朝后期，政治腐败，军备废弛，这种文武并重的教育制度也逐渐松弛了。

总体来讲，我国的学校体育教学虽然起步较早，但是由于受到重文轻武思想的影响，学校体育教学并没有得到应有的重视，也基本上没有正规的体育教育，其大多时候都是与军事技能训练联系在一起。直到清朝末年，学习日本和欧美各国开办的近代新式学校，中国才开始有了西方式的学校体育教育活动。

（二）近代西方体育思想的初传与争辩

在西方开办新式学校及新教育思想的作用下，中国在清末先后出现了一些近代学校体育形式和内容。清朝末期，统治者闭关锁国，国力一落千丈。西方列强用武力敲开了我国的大门，在侵略我国的同时，一些近代思想和理念传入我国，近代学校和学校体育在我国逐渐发展起来。

1.西方教会学校体育思想的初传

随着西方列强的入侵，一些西方传教士先后来到我国并创办教会学校，这些学校除了传播西方宗教思想，在课外也会开展一些体育活动，并没有设置专门的体育课。在教会学校体育活动影响下，基督教青年会积极传播西方体育思想、引进西方运动项目、体育理论和训练方法。西方体育教学体制与形式在我国影响越来越广泛。

2. 清朝"强国强种"思潮下的学校体育思想

鸦片战争之后，清政府开展自救运动——洋务运动。为了保国强种，学校教育引入西方体育活动内容，开设"体操"课程。我国教育家严复提出了德、智、体三育并重的思想，并将体育放在首位，强调体育在学校教育中的重要作用。

为达到缓和阶级矛盾的目的，清政府作出了积极改革、推行"新政"的承诺。就教育方面来说，具体措施有废除科举制、大力开办学校、要求不同类型的学校开设"体操科"并作出详细的规定，促进了我国近代学校体育教学实践的萌芽。

3. 西方体育思想在我国学校体育教育发展中的争辩

（1）军国民体育思想

19世纪末20世纪初，日本、德国的军国民教育思想传入我国，它以挽救民族危亡为立论依据，倡导全民皆兵，强调对青少年开展军事训练，以健身卫国。当时，我国著名教育学家蔡元培先生也提出要重视军事和体育训练。

军国民体育思想在我国并没有得到广泛实施，原因在于其传播较为零散，没有形成一定的理论体系，同时教学课程过于整齐、严肃、生硬、单调。

（2）自然主义体育思想

自然主义体育思潮由教育家卢梭提出，自然体育活动能够起到更好的运动效果，对人为活动持一定的否定态度，主张在大自然中从事各种活动。主张体育应实现"育人"的重要作用，重视学生的个性发展。五四运动时期，自然主义体育思想成为批判军国民教育的有力武器，充分强调了注重人的全面教育的重要作用，有效促进了我国对于体育理论和规律的研究。自然主义体育思想具有一定的局限性，即过于强调体育教学的娱乐性，忽视增强学生体质的重要性。

（3）国粹主义思潮下的"土洋体育之争"

20世纪30年代，在我国掀起了一场"土洋体育之争"的体育教育思潮的争辩。"土体育"主张体育教学以传统武术为主，以西洋体育为辅，强调教育的根本任务是救国，学生应进行军事训练，不必参加国际赛事。

"洋体育"指欧美的西方近代体育，主张"体育的最低目的是健康，最高的目的为文化"，反对"把军事训练作为体育的唯一正宗""把劳动代替运动"①。

从整体来说，这一时期，我国学校体育教学建立了基本稳定的体育课程体系，

———————
① 耿剑峰.创新教育理念下的体育课程建设与教学管理研究[M].北京：新华出版社，2020.

教学方法日益丰富，课程内容以西方体育技术传习为主，我国以武术为代表的传统体育多在民间会馆流传发展。

（4）体育的"军事化"与"教育化"之争

在体育为实现"救国强民"的思想热潮下，对体育是否应该重视个人的发展方面，一些学者进行了体育教育之于个人、国家发展的重复思考。

这一时期体育军事化思想被提出来，该思想主张实行全民体育化，把体育作为强国强种与复兴民族的工具，主张体育教学管理军事化，体育教育应服从军事需要。

体育教育化思想则认为，现代体育是教育体系的重要组成部分，应关注和重视人的发展，促进青少年的身心健康和人格培养，使之更好地适应和服务社会发展需要。

（5）苏式体育与军事训练相结合的体育思想

中国共产党在解放区开展活动，提出"大众的体育，抗战的体育"的口号，解放区学校"军民共建"，学校体育兼具战斗性、大众化、民主性。学校体育重视体育知识教授，也重视战争技能培养。

（三）我国近代体育教学的形成与发展

我国近代以第一次鸦片战争为开端，面临着帝国主义列强的不断入侵，社会各阶层的有识之士开始寻找新的救国方略。在这种背景下，统治阶层中一些比较开明的官员发起了"师夷长技以制夷"的洋务运动。在教育领域，他们提倡向西方学习，积极创办西方学术机构，并开始建立以西方式为基础的新型学堂，同时也将西方的体育教育融入其中。在这些新式学堂中，体操成为一项重要的学习课程，体操作为学堂的核心课程，涵盖了瑞典式、德国式等内容。除此之外，学校还开展了以西方近代体育为核心的各类课外体育活动，这是中国近代学校教育中体育课程和体育活动的第一次出现，不论是对西方近代体育在我国的普及，还是对我国近代学校体育教育的崛起，均产生了深远的影响。

随着中日甲午战争战败，洋务运动也宣告破产，资产阶级改良派的代表人物康有为、梁启超等人领导了维新变法运动。虽然维新运动很快就失败了，但是它倡导的学校教育方面的内容，诸如兴办新式学堂，强调体育在学校教育中的地位和作用等，都对近代中国学校体育教学的发展产生了较为深远的影响。

19世纪50年代以后，以英国和美国为主导的多个教派，在我国成立了众多的教会学校和基督教育学会，这些学会和学校通过对各种课外体育活动的有序组织与安排，在国内传播了一些西方近现代的体育项目。教会鼓励学生利用课余时间参与到体育锻炼中来，以培养优秀的体育人才。基督教育学会的核心职责之一是开展体育活动，他们派遣了体育领域的专家，致力于推广和普及西方的近代体育知识，并策划各类体育赛事与培训。这些也在客观上促进了我国近代学校体育教学的发展。

1902年，清政府颁布了《钦定学堂章程》，但是却没有付诸实施。辛亥革命之后，学校体育教学中逐渐形成了一种"双规现象"，即一方面学校在课内沿袭清末以来国民主义的以兵操为主的体操课，另一方面许多学校在课外开展以球类和田径为主的西方式的活动和竞赛，课内和课外形成了两种明显不同的体系。

"五四"时期，我国近代学校体育教学进入了一个新的发展时期。许多人都以进步的体育思想发表文章，对"国民主义"体育、"国粹"体育进行了批判，对我国体育以及学校体育的现状做了深刻的分析和尖锐的批评，强调了学校体育教学的重要性，如毛泽东的《体育之研究》、恽代英的《学校体育之研究》等。1923年，北洋政府颁布《课程纲要草案》，正式将"体操科"改为"体育科"，废除了原来的兵式体操，改为以球类、田径、游泳、普通体操等近代体育项目为主的教学内容。就某种程度而言，这是我国近现代学校体育教育中的一个关键变革。

伴随着我国近现代学校体育教育的一系列变革，国家对体育师资的培养也逐步重视起来。当时的"南京高等师范学校体育科"和"北京高等师范学校体育科"在培育体育师资方面作出了比较大的贡献。与此同时，女子体育也有了很大发展，对体育教学规律和方法的探索和研究也受到了一定程度的重视。

为了加强学校体育教学的管理，民国时期政府成立了学校体育的领导机构，同时还颁布了一些有关学校体育教学的规章制度。例如，1931年教育部公布了《初级中学体育课程标准》《高级中学普通科体育课程标准》；1932年公布了《小学体育课程标准》；1936年公布了《暂行大学体育课程纲要》，随后又制订了中小学《体育教授纲目》；1940年公布了《各级学校体育实施方案》，规定各级学校体育课均为必修课，这是我国近代史上第一个比较全面的学校体育实施方案。与此同时，教育部还组织体育专家编辑出版了《体育教授细目》，以后又陆续编写了各种体育教材和教学参考书等，这些都对我国近代学校体育教学的发展起到了积极作用。但是也要看到，由于当时学校体育教学并不受重视，加上学校体育师资、经费严重缺乏，运动场地器材设备简陋，上述有关发展学校体育教学的各种举措并没有得到很好的贯彻落实，学校体育教学仍处于比较落后的水平。

（四）中华人民共和国成立以来体育教学的形成与发展

在 1949 年中华人民共和国成立之后，我国的学校体育教学也经历了一个曲折发展的过程。具体来讲，这一历史阶段的发展历程大致可分为以下四个阶段。

1. 初创阶段（1949—1957 年）

中华人民共和国成立伊始，党和政府就非常重视学校体育教学工作。1951 年，我国更是提出，要积极开展学校中的体育和文化娱乐活动，努力改进全国学生的健康状况，要使每一个学生具有强健的体魄，能够胜任紧张的学习和繁重的工作。为了适应祖国国防建设的需要，应该注意提倡军事体育活动。一系列指示和决定对提高学校体育的地位，纠正轻视学校体育教学、忽视学生健康的问题起到了重要作用。

在此后一段时间，我国通过并出台了一系列政策法规与措施，已经将学校体育的目标框架初步构建好，并已基本确立了学校体育的管理制度及执行策略。为了更好地推动我国群众体育的发展，我国在参照苏联模式的基础上，还结合了我国的实际情况，于 1951 年实施了《体育锻炼标准》。1954 年，国家体委制订了《准备劳动与卫国》体育制度暂行条例，要求初中毕业生和高中毕业生分别达到少年级标准和一级标准。这一制度的贯彻和执行对我国学校体育教育的进步产生了显著的促进效果。

鉴于中华人民共和国初创时期我国体育教育资源相对匮乏，1952 年政府决定成立华东体育学院，这也标志着我国历史上首个体育学院的诞生。从那时起，全国各地陆续建立了 6 所体育学院，并成功创办了 11 所体育学校和中等体育专科。这一时期，我国体育教育事业蓬勃发展，培养了大批专业人才。除此之外，国内 38 所高等师范学院也先后设立了体育系科，并不断加强对在职教师的进修教育，这些都为体育教师骨干的培养和学校体育教育的进一步发展奠定了坚实的基础。

2. 曲折发展阶段（1958—1976 年）

1958—1976 年，学校的常规教学流程被打破了。在实际的体育教育实践中，存在着过分追求指标、与实际脱节、用劳动取代体育的不当行为，这与学校教育和学校体育的基本原则是相违背的。同时，在这一时期，学校的体育活动遭遇了困境，学校的体育课程和课外活动被削减或暂停，并且学生体质也整体下降。

在这样的背景下，党中央提出了"调整、巩固、充实、提高"的策略。在这一政策方针的正确引导之下，学校体育部门对正面和反面的经验教训进行及时汇总，并采取了相应的措施，从而让学校教育和学校体育教育"重获新生"。我国政治体制改革不断深化，经济体制改革取得重大进展，为学校体育注入了活力。学校体育在多个方面，如体育课程的构建、各种体育活动的执行措施等均取得了新的进展。1961年，对1956年颁布的体育教学大纲进行修订，指出学校体育教育应以提升学生体质为核心导向，并以不同地区的教学实际情况，对教材进行分类，即基本教材与选用教材；随着国民经济的全面好转，学校体育开始逐步恢复，政府鼓励有条件的学校试行《青少年体育锻炼标准》，课外的体育活动得到了广泛的推广，学生的运动训练逐渐回归正轨，体育比赛变得异常活跃，运动技术也得到提高，学生的体质也得到了明显的加强；与此同时，为加强体育师资建设又成立了4所体育院校，为各级学校培育体育教学骨干。

总之，在这一时期，学校体育在曲折中发展，学校体育教学体系基本建立，这就为体育教学的进一步发展奠定了坚实的基础。

3. 科学发展阶段（1977年—20世纪末）

在正确方针政策的指引下，我国的学校体育教学工作逐渐恢复，同时迈入了一个新的发展阶段。这一时期，学校体育教学的发展主要体现在以下三个方面。

（1）体育教学改革加快，并步入科学发展阶段

国家在这一时期加强了有关体育的各项法规制度的建设，从而使各级各类学校内部的管理体系更加健全，有效保证了学校体育教学向着规范化、制度化、科学化的方向发展。在此基础上，学校体育体制与课程也实现了深化与改革。例如，1975年，教育部和国家体委联合下发了《高等学校体育工作暂行规定》和《中小学体育工作暂行规定》，对学校体育工作的基本任务和具体内容作出了明确规定；1978年，教育部颁发了新的中小学体育教学大纲和教材；1987年，又在原大纲的基础上修订并颁布了《全日制中、小学体育教学大纲》，深化了体育课教学的改革；1988年，《国家体育锻炼标准》经过多次修订后颁布，使之更加科学、实用。

（2）体育教学的科学研究得到重视

为了深化学校体育的科研和指导工作，我国陆续建立多所学校体育研究机构，如中国高等教育学会体育研究会等。除此之外，还创办了相关的杂志期刊，如《中国学校体育》《体育学刊》等，专门出版了学术专著与教材。同时，还多次组织了全国范围内的学校体育学术研讨会或者报告会，积极推动学校体育在国际上的交流与合作，这些活动对提高我国学校体育科研水平起到了重要作用。我国学校体育教学的改革与进步，得益于学校体育科学研究的多角度和多层面的推进。

（3）师资力量培训加强，场地设施逐步完善

这一时期，国家还非常注重对体育师资队伍的建设以及学校体育场馆器材设备的建设。在体育师资队伍的培养方面，为了解决师资队伍的不足和质量不高的问题，我国已经实施了众多有益的策略，例如在条件允许的师范学院或者综合大学中设立体育系，并且增加该系的招生名额，进一步加大对体育教师培训的力度；有序安排和组织各种不同类型与级别的远程教育课程和进修课程，以使体育教师的教学水平和质量得到较大幅度的提升；尤其是组建一支高学历、高质量的体育师资队伍，来加强学校体育的研究和教学等。在学校体育场馆器材设备的建设方面，目前在很多经济发达地区的学校已经有了标准的体育场，同时还添置了大量的体育器材；而现在国家所要做的就是努力改善欠发达地区的体育场馆与器材设备。

总之，我国当前的体育教学经过一段时间的发展，已经基本形成了特有的体系，但是还存在着地区之间发展不平衡的问题，这就需要对体育教学进行进一步的改革，从而实现新的发展。

4. 改革的新阶段（进入 21 世纪以来）

21 世纪的教育课程改革更加注重满足学生的核心需求，加强了对运动安全以及伤害预防的关注，同时可以根据学生的实际需求，及时调整课程内容和运动负荷。为了从根本上扭转广大青少年学生体质持续下降的问题，从 2007 年开始，国务院下文，在全国亿万青少年学生中开展"阳光体育运动"。2013 年颁布的《中共中央关于全面深化改革若干重大问题的决定》中，对学校体育工作提出明确要求：强化体育课和课外锻炼，促进青少年身心健康、体魄强健。2021 年，为全面贯彻落实全国教育大会及《关于全面加强和改进新时代学校体育工作的意见》精

神，教育部发布了《〈体育与健康〉教学改革指导纲要（试行）》，从总体要求、主要任务、组织保障、督导评价、工作要求五个方面作出部署，对进一步深化体育教学改革，指导全国体育教师科学、规范、高质量地上好体育课，更好地帮助学生在体育锻炼中"享受乐趣、增强体质、健全人格、锤炼意志"，促进学生身心健康全面发展具有积极的指导作用。

综合来看，21世纪的中国学校体育教育观念和课程改革呈现出多元化的发展局面，形成了以生物、心理和社会三个维度为基础的学校体育观念，并且该观念还具有一定的开放性。总体而言，全国范围内在学校体育制度、教师团队及场地设备等多个方面的建设资金投入都有了非常明显的提升；学生体质健康状况得到显著提高，但在部分地区还存在一定问题。"健康第一"已经变成核心的指导方针，各级各类的学校都在积极地进行阳光体育活动。在新时代，随着经济全球化进程的加快以及我国高等教育事业发展速度的不断提升，学生体质健康状况得到了显著提高。人们对"终身体育"这一观念的接受和关注也在潜移默化中逐渐增加。

第二节　我国高校体育教学的发展现状

一、发展现状

虽然近些年来我国高校体育教学受到了教育部门及各个学校领导的重视，获得了一定程度的发展，但整体来看仍然存在不少问题，需要引起重视。

（一）旧有的教学思想仍然占据着一定的地位

以往的体育教学思想在一定程度上是符合当时的高校教育发展状况的，但伴随着时代的不断发展，旧有的体育教学思想已显得比较落后，难以跟上时代发展的步伐。在旧有的体育教学思想观念影响下，很少会考虑到社会对体育教学的影响，学生的个性发展也受到一定的抑制，这对于体育教学及学生的发展都是不利的。近几年，我国一部分学校开始借鉴国外成功的发展经验和体育教学思想，取得了一定的成绩。但总体上来看，教学思想方面仍然存在一些问题，如指导思想较为老旧，存在重竞技轻普及、重课内轻课外、重尖子轻全体等方面的问题，这些都要重视。

在新的时代背景下，我国体育教学思想呈现出与时代不符的现状，这一现状主要体现在教学过程的各个方面，教学思想的落后无法激发学生学习的积极性，学生学习体育的兴趣不高，教学质量更无法提高。落后的体育教学观念会在一定程度上影响体育教学改革，也不利于体育人才的培养与发展。因此，在新的教育背景下，体育教师、学生及体育教学管理人员要革新旧有的教学思想，树立正确的体育教学理念与思想，这样才能推动我国高校体育教学的健康发展。

（二）教学内容单一且过度竞技化

通过我国高校体育教学的调查可以发现，与高校其他文化课程相比，我国大部分高校的体育教学内容都存在着单一、呆板的现象，并且其中大多数体育课程内容偏于竞技化，很多动作技能对学生的要求非常高，学生无法准确规范地完成这些高难度的技术动作，因此阻碍着体育教学目标的实现。在高校中开设体育课程的主要目的在于增强学生体质，促进学生的全面发展，而运动成绩则是次要的，而这种偏竞技化的体育教学内容不利于学生的学习，难以促进学生的全面发展，对于高校体育教育的进一步发展也是不利的。

（三）教学组织形式与学生及社会脱节

体育教学组织形式较为单一也是当前我国高校体育教学存在的一个问题。导致这一现状的原因在于体育教学没有与时俱进，没有跟上时代发展的步伐，与社会相脱节，这非常不利于学校体育教育的发展，对于学生的全面发展也是非常不利的。尽管近些年来，很多学校都普遍认识到这一问题，陆续采取了选修课的方式弥补这一缺陷，但总体来看仍然缺乏必要的创新，固有的体育教学内容及教学形式难以激发学生学习的兴趣。因此，为促进我国高校体育教学的发展，必须在今后吸取发达国家的教育经验，不断充实我国高校体育教学的内容与形式。

（四）没有发挥教学计划与教学评价的作用

体育教学评价是体育教学活动的重要内容，一个良好的体育教学评价体系能为教师提供客观、真实的反馈信息，从而为教师制订和调整教学计划提供必要的依据。教学计划是指对教学过程的安排，而教学评价则是指对教学效果的检测，二者能为体育教学的发展提供重要的保障。但是，在具体的操作过程中，体育教学计划与教学评价有所混淆，出现了一些错误的做法，如将教学计划看作教学评价的一部分，教学评价只重视学生的学习成绩，这些做法都是片面的、错误的。

总之，在具体的体育教学中，体育教师一定要依据反馈的教学信息，结合学生的个性特点、学习基础及教学实际等制订切实可行的教学计划。另外，体育教师还要时刻关注学生的课堂表现、学习态度、情感表现等方面的内容，对学生因材施教，从而促进学生的个性化与全面化发展。

（五）体育教师的主导地位受到严重削弱

学生是体育教学活动的主体，一切教学活动都要围绕学生进行，这一教学理念在当今的体育教学中得到了充分的贯彻。但需要注意的是，这一转变也在一定程度上带来了一些负面影响。在这样的教学理念下，学生的主体地位急剧提升，教师的主导地位则受到一定的排斥和削弱。发展到现在，学生的主体地位逐渐受到重视和肯定，学生在体育教学中的地位日益提高。但是，我们也不能忽略体育教师的引导作用，没有教师的指引，学生也同样无法获得进一步的发展。因此，在今后的教学中，不能忽略教师的指导作用，要采用合作与探究的学习方式，加强师生之间的密切配合，实现共同发展，这样才有利于高校体育教学及学生的健康发展。

二、解决现存问题的建议

（一）确定合理的教学目标

教学目标是各种学科教学必须设定的，它是这个学科教学将要达到的预期效果，没有教学目标，就不存在教学行为。体育教学也是如此，因此体育教学管理部门自始至终都非常关注对体育教学目标的合理设计，如2002年教育部颁布的《学生体质健康标准（试行方案）实施办法》中指出，"我国大学体育教学的目标即通过对各运动项目理论和技能的学习，了解各运动项目的基本知识，掌握一定的各运动项目的锻炼方法与健身手段，提高学生的整体素质，增强体质，促进身心健康发展，为终身体育奠定良好的基础。[①]"

体育教学目标的制订并非仅是一个摆设和空想的愿景，它必须是一个基于现实学生状况制订的具有可操作性和可行性的目标。具体在确定高校体育教学目标时要做到以下两点要求。

首先，教学的核心目标始终是提升学生的身体和心理素质，以及他们适应社会的能力。

其次，高校需要建立一个合理且实用的课程体系，同时将和体育相关的其他学科的知识巧妙融入其中，这样可以确保学校学生在健康知识、锻炼意识等方面得到全方位发展，最终真正实现"健康第一"的教育理念。

（二）提高教学工作的质量

体育教师要注重教学工作的质量，使体育教学成为一项严谨、认真、活泼的素质教育教学活动。为此，体育教师应该科学制订教学计划，并且根据教学内容情况选择最恰当的教学方法和手段，以使学生对体育的兴趣和需要得到较为充分的满足。此后，体育教学管理部门和体育教师还要注重对体育教学的某段周期的教学监督及周期结束后的评估工作，并且不断改进评估方法，确保体育教学活动开展的有效性。

（三）提高教师的专业水准

体育教师是体育教学的直接实施者和参与者，由此可知作为体育教学主体之一的体育教师对教学活动的重要性。为此，体育教学管理部门需要提高体育教师的专业水准，力争打造一支优秀的、专业的、高质量的、具有高度负责精神的体育教师队伍。

具体来说，提高教师专业水准的措施主要包括以下两个方面。

第一，加强对在职体育教师的在岗或脱岗培训工作，进一步加强体育教师的专业技能和高度的责任心。

第二，为年轻体育教师提供多种形式的入职培训和在岗培训机会，为提高他们的学历和教学水平服务。

[①] 李建春. 基于素质教育视角的高校体育教学改革与发展探索 [M]. 北京：中国书籍出版社，2022.

上述方式均提到了对教师的培训和再培训。为了使这些培训能够真正达到提高教师综合素质的目的，就需要在培训中对他们的知识结构和教学理念进行更新，即首先在理念上跃升到先进的行列中，再以此为基础进行技能方面的培训，最终获得双方面的共同提高。另外，作为一线体育教师，他们在现代的体育教学改革中扮演着重要的观察者和实践者的角色，为此培训还要倡导体育教师积极投身到教学改革的工作中去，调动他们授课和做学术研究的积极性。

（四）加强硬件设施投入与管理

硬件设备是搞好体育教学的基础。尽管硬件设备不足也能展开体育教学工作，但要做好体育教学必定离不开优质的体育资源。在最近的几年中，由于大规模的大学扩招，学生使用体育资源的平均率每年都在减少，这也导致了学校体育经费的紧张。这就要求高校体育教师必须在有限的教育经费下，提高学生的身体素质和运动技能水平。所以，体育教育管理部门十分有必要增加体育资源和资金，以便为高校提供充足的体育场地与相关设备。如果不能获得充足资金的话，可着重对已有场地或设备进行完善和翻新，其中特别需要对场地和设备的安全性做重点完善。

在获得或完善了体育场地与设备后，对其管理也是一门学问。体育场馆与器材在使用过程中会经常出现损坏或衰老的情况，所以为了进一步确保这些资源维持在最佳状态，并对其潜在价值进行充分利用，高校需要实施严格的管理和采取相应的维护措施，定期检查体育教学所需的物资，从而有效利用体育场地的设备和器材。

（五）革新教学思想并落到实处

教学理念的革新不是一朝一夕能够完成的，它需要在体育教学实践中不断积累经验，让实践促进思想进步，与此同时思想的进步也将反馈到实践的指导工作中。

体育教学管理部门和一线体育教师应该扮演好现代体育教学思想落实的先行者和践行者的角色。现代体育教学思想的先行者要求他们首先转换传统的体育教学思想，让新思想充满头脑；其次，他们需要在这种思想的影响下成为该思想在体育教学实践中的践行者，即将思想落到实处，真正应用到体育教学当中，将这种体育教学思想的理念传达给每一个接受体育教学的学生。

第三节 高校体育教学发展的趋势与对策

一、我国高校体育教学发展的趋势

（一）以素质体育教育为指导

素质教育思想体系中的一个重要分支是素质体育教育，它包括德、智、体等多个方面，其中关于全体学生参与体育锻炼的意识、如何终身使用锻炼方法等均为其内涵所在。这一切都要求学校要把增强学生的素质放在重要地位，并以培养他们良好的思想品德为重点。学校的体育教育的主要对象是学生，所以应当面向所有学生，全方位地提升学生的身体和心理健康，通过体育文化教育，确保学生在身体、心理及人格方面均能健康成长。这就要求教师在教学过程中把提高学生身体素质作为首要目标，同时要重视培养学生良好的心理素质，从而为全面推进素质教育提供有力保障。那么应该如何定义身心健康的品质，并如何将其融入学校的体育教学之中呢？

身心健康素质，包括身体和心理的健康状况。培养身心健康素质，需注重全面发展。身体和心理的健康状况构成了发展其他各种素质的物质根基。在培养身心健康素质的过程中，锻炼体态健康素质至关重要。身心健康素质，不论是在促进智力发展、维持社会稳定，还是在支持个体日常的工作和学习活动方面，均具有不容忽视的重要作用。心理健康素质则包括情绪稳定素质、心理韧性素质和自我认知素质。身心健康素质涵盖了以下两个方面：体态健康素质和体质健康素质。

事实上，身心健康素质教育是一个旨在全面影响以及有效提升学生身体和心理健康状况的活动过程。更明确地讲，身心健康素质教育的核心目标是以学生先天的身心健康为前提，让他们拥有更加健壮的身材、健康的身体状况及充满活力的体能，并使他们形成更加稳定的心态与良好的体育锻炼习惯。因此，学校体育应把健康放在首要位置，以培养全面发展的人为根本目的。高校的目标是确保受教育者身体结构的每一个部分和系统都可以和谐统一地全面发展，使他们对外部环境的适应性与运动能力得到进一步提升，使他们可以适应快速的学习和工作节奏，同时从容应对各种复杂的环境挑战。

（二）以健康体育教育为基础

每一个儿童和青少年都应当享有接受健康教育的基本权益，因此相关政府部门或者机构应该通过不同的方式努力提升他们的健康观念及实践能力，以有效提升其健康状况。其中，学校的健康教育经历了从重视知识的传递到强调行为的培养，再到强调环境支撑的演变。在这一阶段，体育教育通过体育课程的方式为学生提供体育健康教育，旨在增强学生身体素质的同时，也促进其身体与心理的健康的成长，从而培养出更多在德、智、体、美等各方面均衡发展的优秀社会主义建设者。因此，这两者之间存在紧密的联系并相互推动，它们的核心目标均为维护身体健康，所以也被学者或专家称为保健体育。

我国虽然对体育课程的重视程度逐渐提升，在校学生在身体发育、速度等方面均有了十分明显的提升，然而他们的耐力和柔韧性均呈现出下滑的趋势，同时他们的意志力、竞争力等心理特质也较弱。随着社会的不断发展和进步，人们越来越重视身体健康，尤其是青少年时期身体健康状况直接影响着他们今后的成长和学习。现阶段，传统的健康体育教育方式已经无法充分满足现代学校教育的需求。然而，通过近几年的教学实践，健康体育教育开始逐渐发挥作用，学生的体质得到明显提升，这对全体学生的身体和心理的健康发展均产生了积极影响。在体育课中进行健康体育教育是非常必要的。高校体育课程不仅能够使学生形成良好的生活习惯和文明行为，还对预防疾病、增进健康有很大帮助。所以，高校必须将健康放在首位，强调体育和健康教育的有机融合，在潜移默化中让学生理解健康的重要性，掌握保健技巧，并培养和提升他们对体育的浓厚兴趣。

（三）以创造体育教育和快乐体育教育为过程

1.创造体育

人类的生活与进步，高度依赖于他们的发明与创造才能。人类的发展历程犹如一条发明和创造的漫长河流，因此这也催生了创造教育。

在当前的素质教育背景下，创造性教育为其注入了新的活力。在高校中开展创造体育教学已成为一种趋势。教育者在实践过程中不断总结与之相匹配的创造性体育教育方法，同时从创造体育教育的内涵出发，探讨其对大学生创造能力发展的促进作用，以及如何运用创造体育教育促进大学生创新能力发展。创造体育教育的目的在于转变人们的思考方式，并且有效提高他们的思维品质，即把传统体育教学与现代社会发展相结合，让学生从被动接受知识转变为主动获取知识，提高自身综合素养。在这一教学过程中，师生都在遵守科学教育与学习原则的基础上，积极地思考和创造各种生活环境。一方面培养和提升了学生在创造方面的意识、能力和精神，另一方面既锻炼了他们的创造性思维，还通过各种体育活动培养他们发现、分析和解决问题的相关能力，从而使他们能够用自己已有知识去解决新的问题，提高其对事物发展变化的敏感性。深挖学生的创造潜质，并将他们的创造能力充分激发和调动起来，这也是当前学校体育教学改革发展的方向，也是素质教育实施的需要。所以，在体育课堂的教学过程中，教师需要展现出创造的精神，这是培养学生创造性意识的关键。

教师在体育的教育过程中，应鼓励学生独立创作并进行实践。例如，教师向学生传授编排徒手操的基本原则和技巧，学生则通过深入思考将所学的理论知识应用到实际操作中，确保每节体育课都富有创造性，并与健康体育园地的活动有机融合在一起，使体育课堂更加有趣。教师的创造能力越来越受到公众的重视，并被认为是未来教育质量的关键，只有具备创造思维的教师，才可以培养出更多具有创造力的学生和人才。

2. 快乐体育

快乐体育是 1979 年由日本全国体育学习研究协会提出来的，旨在快速适应日本社会变迁的体育观念。因此，创造教育在我国发展时间并不长。快乐体育的核心理念是将运动视为体育活动的终极目标，确保运动文化在日常生活中占据重要的位置，并持续一生。

快乐体育在中国的传播已经持续多年，不论是对我国的体育教育者，还是对中国的体育教育方式，均产生了积极的效果，并在解决体育领域的"厌学"问题上发挥了不容忽视的重要作用。在这个不断变革的时代，快乐体育的理念日益深化，伴随着中国的体制改革和素质教育的持续进步，多年的实践经验告诉我们，快乐其实是一种心理上的体验，它会根据个人、事件、时间和地点而有所变化。在这个过程中，体育教育不仅是传递知识，更是引导学生发现和感受快乐的源泉。快乐体育的核心目标是对身体活动、获得成功等所带来的快乐进行深度感受。

素质教育的核心意义与深层含义包括以下三点：首先，通过快乐体育将学生对体育的热情充分激发出来，并促使他们主动进行身体锻炼。学校应把快乐体育作为教育改革与发展的突破口，使学生在轻松、愉悦的氛围中学习知识，掌握技能技巧，提高运动能力，促进身心全面和谐发展。其次，快乐体育是面向所有学生的，旨在全方位提升他们的身体健康，促进身心和谐发展，使每个学生都能在参与中获得乐趣和成就感。最后，通过快乐体育，学生能够体验和感受到体育带来的快乐。快乐体育培养学生良好的意志品质和顽强的意志，使其养成坚强的品格。当学生体验到成功与进步带来的快乐时，他们的自信也相应地得到提升。

我们当前提倡的素质教育实际上是快乐体育的一种体现，所以推行素质教育变得尤为重要。快乐体育就是通过激发和调动人的内在动机，使其自觉地参与体育运动的一种教学方式。教师在进行快乐体育教学活动的时候，必须确保学生占据的是核心位置；教师应努力构建一个和谐的师生关系，在教学中应注重情感投入，使师生之间形成融洽和谐的关系，营造宽松民主的氛围；致力于促进学生个性的全面和谐成长；让学生明白，体育教学活动本质上是令人快乐和具有吸引力的。

（四）重视学生的终身体育教育

"终身教育"这种思想是法国教育家保尔·郎格朗（Paul Lengrand）在1965年的联合国教科文组织会议上提出的，他认为学校教育要为终身教育担任重要角色。

联合国教科文指出，必须改变人们对教育的作用的看法。扩展后的教育新理念旨在让每个人都能充分挖掘和增强自己的创造能力，同时也可以对每个人内在的潜在财富进行深度发掘。培养创造潜力，关注全面发展，教育不仅是手段，更是生存之本，这强调了高校和教师必须高度重视教育的重要性，教导学生如何生存并促进个人的全面成长，不再将教育视为工具，而是实现特定目标的关键途径。有鉴于此，现代高校体育教育教学更加重视对具有适应能力与创新意识的复合型人才的培养，更加重视大学生四个学会（学会认知、学会做事、学会共处、学会生存）与终身体育教育的培养。

随着社会的不断发展，社会对于人才的要求也越来越高，体育在人们的日常生活中得到了更多的重视，高校体育更加重视对全面发展的人的培养和体育终身意识的培养，这也必然会成为未来社会发展的一个重要趋势。

（五）重视体育课程的深化改革

高校体育教育教学重视对体育课程的深化改革同样是我国高校体育教学的一种重要发展趋势。教育部于 2003 年颁布了《普通高中体育与健康课程标准》，2004 年进行了试点教学，高校体育教育教学获得了较快的发展，在未来的一段发展时期，高校体育教学还应该为推动课程改革与发展做出如下努力。

第一，高校体育课程的目标更加重视对大学生的人性化发展，强调构建弹性化的课程内容结构，从而更好地适应当前新形势下高校学生多元化的体育需求。

第二，高校体育课程设置更加注重高校学生的全面发展，而不是单项体育知识体系的传授，强调大学生体育实践的能力，强调体育教学为终身体育服务。

第三，高校体育课程设置更加强调高校学生体育认知经验的掌握，重视高校学生体育经验、体育情感、体育态度、体育价值观的形成与发展。

第四，高校体育课程效果评价更加强调以高校学生的全面发展为核心，而非只强调运动成绩。

第五，高校更加强调体育课程的分级管理与体育教师在体育课程设置中的主导作用。

（六）重视野外生存训练与拓展训练

野外生存具有很强的挑战性、冒险性、趣味性及实用性，它能够有效提高高校学生挑战困难与处理问题的心理素质，提高高校学生对自然与社会的适应能力、培养高校学生的审美情趣与环保意识，促进高校学生的全面发展。

2002 年，我国正式启动"大学生野外生存生活训练"综合实践活动。2002 年 7 月，在课题组的集中领导及科学策划下，超过 140 名来自上海交通大学、清华大学等大学生，在各大学体育教师的全面带领下，将黑龙江的帽儿山、湖北的神农架等作为训练基地，并在此进行了长达一周的野外生存训练。这次训练取得了很好的效果，为野外生存进入大学体育打下了坚实的基础。野外生存训练与拓展训练具有非常显著的健身特点、体育魅力及社会价值，是我国高校体育发展的一个重要方向。

（七）高校体育的课内外与校内外一体化

课程是在教师的有序组织和正确指导下，为了实现课程目标而进行的所有课内外活动的总和。目前，我国新一轮的体育课程改革是从大课程观出发，将体育的课堂教学与课外、校外的体育活动包括运动训练纳入课程之中，形成课内外、校内外有机结合的课程结构。此外，《中共中央、国务院关于深化教育改革全面推进素质教育的决定》指出："学校要树立健康第一的指导思想，切实加强体育工作""确保大学生体育课和课外体育活动的时间"[①]。要贯彻落实学校教育与体育课程的"健康第一"的指导思想，有效地增进高校学生的健康，增强高校学生身体素质，高校体育就必须走课内外、校内外一体化的整体改革的道路。

由此可见，实施新的体育课程，组织和开展课堂教学、认真组织好课外与校外的多种多样的体育活动，充分开发和利用体育课程资源，加强体育教师、班主任、辅导员、有体育特长的其他学科教师、校医、学生干部之间的合作，满足高校学生的体育发展需要是高校体育教育教学的重要发展目标之一。

（八）关注竞技体育在高校体育中的地位

作为社会体育文化的一个核心部分，竞技体育在高校体育课程教学中除了可以有效地促进高校学生的身体健康，还可以激发他们对运动的热情，使他们的运动技能得到进一步增强，同时还能够培养高校学生积极进取的人生态度、促进其学会建立良好的人际关系，更能够增强高校学生的竞争意识、团队意识及责任感，提高高校学生的协作能力及心理调节能力。竞技体育在高校体育中的地位具体表现如下。

第一，发展高校竞技体育符合高校学生的身心发展特点，能使其掌握某一项或者几项运动技能，对高校学生体现其自我价值具有重要意义。

第二，发展高校竞技体育是学校校园文化建设的重要组成部分，是学校丰富高校学生课余生活的重要手段，另外还可以通过组织或参加大型竞技比赛提高学校的知名度，一举多得。

第三，《学校体育工作条例》指出"提高学生运动技术水平，为国家培养体育后备人才"[②]是高校体育工作的基本任务，学校竞技体育既是发展我国体育事业的需要，也是发展我国教育事业的需要。

---

① 耿剑峰.创新教育理念下的体育课程建设与教学管理研究 [M].北京：新华出版社，2020.

② 张珍，万志峰.大学体育 [M].北京：中国传媒大学出版社，2008.

总之，发展学校竞技体育不仅是高校学生、学校、国家的需要，同时还能够促进三者的良性发展。因此，竞技体育必将成为高校体育的一种重要发展趋势。

二、我国高校体育教学发展的对策

（一）将终身体育作为体育教学发展指导思想

终身体育就是将体育纳入自己的生活，并伴随人的一生，这种思想的树立与形成可以有效促进我国体育教学的发展。

树立终身体育观念不仅是体育教学目标改革的指导思想，同时也是学校体育教学发展的落脚点，终身体育的最终实现在很大程度上取决于这种观念是否树立和能力是否形成。当下，树立终身体育的观念要求教师正确引导学生科学认识和理解体育的价值，端正学习体育的态度，积极学会体育锻炼的技能，掌握体育锻炼效果评价的方法，形成终身体育能力，为终身体育锻炼奠定基础。

（二）以课程目标调整为体育教学发展重点

将增强学生体质、提高学生的健康水平作为体育教学的首要目标是由体育的本质属性所决定的。具体来讲，调整体育教学课程目标主要应该从以下两个方面入手。

一方面，注重学生的个性发展。体育教师应该尊重学生在体育教学中的主体地位，将促进学生的个体发展作为促进当前体育教学发展的重要切入点，培养学生的竞争意识和创造能力，发展学生健康的个性。

另一方面，重视体育知识、技能与方法的掌握。体育的知识、技能与方法是构成学生体育素养的基本要素，因此具有积极的体育动机和良好的体育素养能够为今后学生从事体育锻炼打下良好的基础。

（三）以丰富教学内容为体育教学发展途径

丰富体育教学内容、实现体育教学内容的不断创新是促进体育教学发展的重要途径，这就要求体育教师在教学过程中应该重视以下 3 点。

1. 突出体育教学内容的科学性与逻辑性

在体育教学课程设计的不同阶段，体育教学内容应符合教育的内在规律和学生的身心发育特点，与学生的身心发展规律相符。

2. 重视体育教学内容的多样性和趣味性

一方面，多样性的体育教学内容能够为学生提供较充分的选择余地，而不是每个学生都必须学习很多统一的内容。另一方面，增加体育教学内容的趣味性有助于提高学生的学习积极性和主动性，引导学生认识体育教学内容学习及体育锻炼的价值。

3. 提高体育教学内容的通用性与民族性

通用性是指教学内容具有统一的规范，适用于各种类型的学生，这是现代学校体育教学内容的主体。体育教学内容的民族性是指教学内容中应吸收学生喜闻乐见、兴趣浓厚、具有明显地方色彩的民族或乡土体育运动项目。

（四）建立综合性的体育教学体系

学生是体育教学的主体，因此体育教学应该围绕促进学生的全面发展建立起综合性的体育教学体系。具体来讲，综合性体育教学体系的建立应该以满足学生个体发展的需要和社会需要为前提。实质上，学生的个体需要与社会需要是辩证统一的，社会需要从某种意义上来说就是所有个体发展的需要。从体育的角度来说，应通过体育教学促进学生个体身体素质的全面发展和良好心理健康状态、个性心理特征的形成，促使学生成为一个融知识、品格、能力为一体的综合性人才。

第三章　高校体育教学中的学生与教师

本章内容为高校体育教学中的学生与教师，主要包括四个方面，分别是体育教学过程中的主体、学生的观念及其身心发展特点、体育教师的教学素养和执教能力及体育教师发展的新方向。

第一节　体育教学过程中的主体

教师和学生是体育教学过程中的主体，以普通高校体育教学为例，对高校体育教学过程中的教师和学生的具体分析如下。

一、高校体育教的主体——教师

（一）体育教师的地位

学校教育的核心职责是提升民族的整体素质，并致力于培育在德、智、体、美、劳各方面均衡发展的未来建设者与继任者。学校教育不仅要使学生获得丰富的知识和技能，还要重视他们在思想道德品质方面的教育。学校的体育教育肩负着提升学生身体健康、强化体质及促进身体和心理方面健康的责任。学校体育不仅可以对学生进行思想品德、文化知识、劳动技能等方面的素质教育，还可以在很大程度上影响他们今后的生活质量。所以，在学校教育体系中，体育不仅是一项关键的教学内容，同时也是教育政策中一个不可或缺的组成部分。体育和德育、智育和美育相互补充和促进，从而构建了一个相对完整的学校教育体系。

体育教师是学校体育教育的关键成员，他们从体育课的授课到各种课外运动队伍的培训，从组织每日的早操和课间操到为全校提供课外体育活动的指导等，均发挥着不可或缺的重要作用。体育教师是学校所有体育活动的核心，他们是这些活动的策划者和指导者。体育教师非常重要，是学校开展体育教学活动的主体力量，他们除了是所有学生身体健康的策划者和塑造者，还是引导学生身心健康发展的导航者。作为一名合格的教育工作者，体育教师肩负着教书育人的神圣使命。体育教师的工作热情和素质水平，不仅会对所有学生在体育教育和健康成长方面的表现产生非常直接的影响，也是他们全面发展的关键因素，同时会对学校在社会中的声誉及形象产生影响。因此，体育教师的职业价值和社会地位已越来越受到人们的关注，并被赋予了特殊而重要的历史使命。从某种程度上说，体育教师在学校里的角色是不可替代的，他们的作用和影响是更为全面和深远的。因此，加强对体育教师的继续教育，提高其素质已成为当前深化基础教育改革的重要课题之一。那种对学校体育教育和体育教师持有轻视态度的看法，实际上是缺乏前瞻性和没有事实依据的，是狭窄而过时的传统教育理念及陈旧的偏见。

体育教师所肩负的历史责任，与我国 21 世纪的人才培训质量和水平有着直接的联系，这也与我国社会主义建设的成功与否息息相关，其重要性和长远影响是不可忽视的。学校教育不仅要使学生获得丰富的知识和技能，还要重视对他们进行思想道德品质方面的教育。从一定意义上说，没有广大体育教师的积极努力和辛勤耕耘，就不会有今天这样一个令人欣喜的局面。但是，目前的实际情况并没有给人带来太多的乐观感受，在某些学校过分追求升学率的指导下，体育教育和体育教师的角色变得相对次要。令人遗憾的是，一些学校的管理层对体育教学持轻视态度，这导致体育教师的劳动没有得到应有的认可，与其他学科的教师相比，在职称评定、考核奖励等方面存在非常明显的不平等现象。这种情况不仅打击了体育教师的工作热情，同时也对体育教学的整体水平和素质教育的深入推进产生了负面影响。探究背后的原因，我们可以发现它一方面受到了复杂社会历史背景的深入影响，如传统过时的教育观、人才观等，另一方面也与部分体育教师的素质不足、教学和训练水平低下等因素有关。

因此，目前最紧迫的任务是对体育教师的重要地位及他们所肩负的巨大责任和使命有充分的了解和认识，对体育教师的职业价值与他们的劳动贡献进行积极宣传，从而使全社会形成对体育教师关心、爱护和尊重的良好环境。体育教师也应充分认识到自己肩负的光荣而艰巨的历史责任，在今后一个时期内必须继续努力，奋发向上，以饱满的热情投入本职工作中去，不断提高业务水平，充分发挥其作用。体育教师的地位非常重要，是学校开展体育教学活动的主体力量，特别是在各级教育管理机构和学校中，高校应当不断强化并持续优化对学校体育教育的领导力度，优化与落实体育教师的薪酬待遇，全方位地为他们提供优质的工作与生活环境，使他们在社会中的地位得到相应的提升，将他们的工作热情及创造力充分激发、调动起来，并实施有效的措施，从而使体育教师的个人素质得到全方位的有效提升。

（二）体育教师的劳动特点

1. 体育教师"一育兼一科"的工作广泛性

作为德、智、体、美、劳全方位发展的教育活动中的一个关键环节，学校体育是学校素质教育的核心内容和重要实施手段。显然，学校体育不只是学校教育中的一个学科领域，它也是实现教育目标的关键"一育"活动，不容忽视。这意味着体育教师所付出的努力呈现出广泛的性质，为了实现"一育兼一科"的教学目标，体育教师不仅需要负责多个班级的教学工作，还需要组织全校的早操、课间操、课外体育活动及校内外的各种竞赛活动，这种工作的广度和深度对学生产生了广泛的影响。

2. 校内外体育工作的多样性

体育教师不仅要完成体育教学的任务，还要负责一些其他相关的工作，如群体活动、运动竞赛等，这些工作不仅包括校内，还包括与社会、学校进行各种校际的体育交流、竞赛等。此外，社会体育的进一步发展也依赖于体育教师的技术指导与正确教授，他们需要扮演社会体育指导员的角色，并将其作用充分发挥出来。另外，由于体育本身的特殊功能及学生学习体育的心理需求等原因，还可以通过组织体育比赛、举办各类课外文体活动等形式，来促进学校与外界之间的联系和交流。这些措施对于增强学校在社会上的影响力具有深远和广泛的意义，这就决定了体育教师在整个教育过程中有着特殊地位，发挥着重要的作用。所以，体育工作作为学校的"展示窗口"，体育教师所承担的职责和他们的价值观，与其他学科相比，展现出了更为丰富的多样性。

3. 对学生教育影响的全面性

在体育教学和课外体育活动中，不论是教材内容还是运动项目，均是由专家精挑细选并经过长时间实践验证，对学生具有全方位教育意义的独特内容，可以说它们是推动学生身体与心理均衡发展的关键教育信息载体。通过体育教师的科学和合理的组织方式，这些活动有助于培养学生的道德观念，如自觉地遵循规则和纪律、团结友爱等。体育锻炼不仅能增强学生的体质，还能使其心理健康，陶冶性情。参与体育锻炼与训练是一种克服各种困难和进行艰苦锻炼的具体过程，是一个对个体的意志、性格、信仰和情感进行全面陶冶的过程。学生在这一过程当中能够培养勇气、坚韧、坚持不懈的意志，以及沉着、机智等心理素质。因此，体育课既是传授知识技能，又是培养学生优良品德、行为习惯和个性品质的重要载体，也是学校实施素质教育的主要阵地之一。体育教师还可以通过课堂内外的教育和训练活动，培养学生文明的行为习惯与体育作风，从而使学生在美的热爱、欣赏和表达方面的相关能力得到有效提升。这样，学生就能自觉地形成一个文明、科学和健康的生活方式，并在智力、体育等多个方面得到全面的均衡发展。

4.室外工作的艰苦性

和其他学科的教师相比，体育教师在工作中最明显的特征是，他们主要通过户外活动来展现自己、教师直接参与、教师和学生共同参与到这种"运动"活动中。体育教师对体育教学具有独特的作用和影响，这也决定了他们具备的特殊技能素质及职业特点。体育教师的主要上课地点是操场，这使得学生的学习空间比在教室里增加了十倍甚至几十倍。教学环境、教学空间的开放性、广阔性均有了显著的提升，对干扰的抵抗力则大幅下降，导致学生在上体育课时大部分时间都是处于活跃状态。同时，这也为体育教学中的课堂布局和教学方法设定了更为严格和高级的标准，因为室外场地是教师从事体育锻炼和开展各项体育运动所必需的场所之一。此外，体育教师在户外教学环境中还需面对各种恶劣条件，如风雨、寒暑等，上述因素也在某种程度上决定了体育教师工作的艰苦性。

（三）体育教师的工作特点与类型

1.体育教师的工作特点

首先，大学体育教师主要面对的是接近成年的大学生群体，这些学生不仅具有较高的主体意识，还具有一定的独立性，因此对教师的指导和协助并没有产生强烈的依赖性。教师与学生之间的交互更为频繁，学生的主观能动性也更为突出。

其次，大学体育教师与中学体育教师相比面临的科研任务更为繁重，因此对他们的科研能力有着更高的要求。

最后，大学的体育教师一方面要负责高水平运动队的组织和训练，另一方面努力追求优异的比赛成绩也是他们努力工作的一个主要目标。

2. 按不同成才特征划分的体育教师类型

（1）以教学为特长的体育教师

通常情况下，这种类型的体育教师在课堂上的教学效果很好，很受学生的欢迎与认可，这与他们自身的教学能力和教学智慧有着不可分割的密切联系。从这个意义上说，一个优秀的体育教师应该是一位精通教学、拥有较高专业素养的教师。因此，一般在教学方面表现比较出色的体育教师，均对体育教育充满热情，并会对学生给予高度的尊重。该类型体育教师在教学中有十分丰富的教育理念与实践经验，还擅长在教学过程中对这些知识进行最大化的利用。这些优秀体育教师会把自己所学到的理论知识应用于实践，将课堂内外的教学活动与现实生活紧密联系起来，使学生真正体会到体育运动的魅力，从而产生一种对体育课的亲切感。在教学活动中，体育教师可以按照具体的教学环境和规律，对教学原则进行严格遵循并认真贯彻，从而将学生的学习热情与主动性有效地激发和调动起来，同时也能对课堂教学氛围进行全面掌控，使得教学方法更为灵活和有序。这类教师会成为课堂活动中最活跃的因素，使体育课充满活力，会在教学过程中以准确的方式进行科学示范和恰当解释，从而科学地引导学生全面掌握正确的运动知识与相关技巧。

（2）以训练为特长的体育教师

通常情况下，这种类型的体育教师在1～2个运动项目上有十分显著的成绩和技能，他们特别擅长组织学生进行课外体育训练。这种类型的体育教师在体育训练过程中具有出色的组织管理才能、较高的专项运动技能，他们可以根据受训者的心理和生理特点，运用科学和专业的训练策略和手段，在各类运动比赛中帮助学生获得令人满意的成绩，从而为学校赢得更多荣誉。然而，并不是所有以训练为特长的体育教师都在体育教学方面表现出色，在他们当中，有一部分人将取得卓越训练成果视为实现个人价值的平台，在追求卓越的运动成就的同时，忽视了对学生的体育教学。这种单一的训练思维，使得他们在课堂上难以灵活运用教学方法，缺乏对学生个体差异的关注。除此之外，也存在一部分体育教师，他们在教学过程中习惯于通过训练思维来进行体育教学，最终也无法取得理想的教学效果。

（3）复合型的体育教师

社会的持续进步和发展，学校体育改革的深入推进，体育教师对和谐与完美发展的追求，体育教师队伍建设对培养复合型体育教师的呼声越来越高，并且逐渐成为其发展的核心目标。复合型体育教师的定义是，体育教师一方面在知识结构上由两个或更多不同性质的学科知识群体构成，另一方面在智能结构上则是由多个跨学科的能力组合成的。简单来说就是，体育教师需要具有主辅修专业的丰富经验，包括和主辅修专业相关的知识以及"边缘"知识、横向知识面等，并可以将这些知识灵活应用到具体实践中。可见，复合型体育教师是一个具有多学科综合素质，不仅可以快速适应教育教学改革要求、善于进行教学研究、富有创造性思维，还能从事各种社会活动的高素质教师群体。在学校的体育部门中，复合型体育教师拥有独立完成多种任务的专业知识和技能，既可以高效地完成教学任务，同时也能胜任课后的体育锻炼；不仅拥有出色的组织和管理才能，还拥有强大的科研实力；不仅具备果敢的决策能力，还拥有创新的思考方式和出色的社交技巧。因此，探讨构建具有现代特征的复合型体育教师类型及其培养模式，是当前我国高校教育教学改革中亟待研究解决的课题之一。在实践过程当中虽然这种类型的体育教师所占的比例相对较低，但是在全国范围内的特级体育教师中，这种复合型的优秀教师较为常见，他们基本是各级各类学校体育教师队伍的核心与精英。

（四）体育教师的基本条件

1. 高尚的道德品质

体育教师一方面应该具备坚定和正确的政治观念，以及强烈的事业责任心，另一方面还应该有举止文明、以身作则等良好的个人修养和品质，只有这样才能真正做到为人师表。尤其在当前的市场经济环境中，教师应该对享乐主义、极端个人主义等思维方式持反对态度，并且清晰地认识到自己肩负的"传授知识、教授技能、解答疑惑"的重大责任。体育教师在教学中需要对自己设定严格的标准，并在道德、技能等多个方面持续地进行优化和完善。这样，体育教师就可在潜移默化中对学生产生积极影响，全心全意地爱护学生，用自己的知识及高尚的道德去充分激发学生的智慧之火，成为一个"全心全意，不带任何杂念"的高尚个体。

2. 宽厚的理论基础与广博的知识

（1）基础理论知识

体育教学与身体运动是密不可分的。若体育教师不深入了解人体在运动过程中各个器官的结构和生理功能的客观变化规律，那么这不仅不能有效地锻炼身体和增强体质，反而可能对学生的身体与心理健康产生不利影响或者损害。体育教师肩负着培养社会主义建设者和接班人的历史任务，所以体育教师唯有将基础理论知识作为导向才可以更高效地完成教学目标，确保学生在身体和心理上都得到充分的锻炼。

（2）专业知识与技能

体育教师想要确保学生在体育教学过程中对体育的基础知识和技能进行充分掌握，并以此为基础形成良好的体育能力，体育教师需要对体育的地位、基本功能等进行充分了解，同时还需要明确和掌握相关的体育理论知识。此外，体育教师还应该熟悉各种运动项目的基本理论、动作技巧，以及每个运动项目的技战术教学和训练的基本原则和方法。尤其是在体育课中教师要根据不同教学内容，结合动作要领进行讲解示范，并采用各种练习手段来增强学生的体质。因此，体育教师需要紧跟时代发展步伐，对专业知识进行持续地更新，并把这些新的知识和观点巧妙融入教学过程中。

（3）教育学与心理学知识

体育教师在体育教育过程中必备的知识和能力包括深入了解学生的心理需求、充分掌握向学生传递知识和技能的各种方法、技巧，同时还要了解各种不同类型学校体育课教学内容的选择依据，以及不同层次身体发育水平和心理品质发展变化的趋势，唯有如此才能更好地适应教学改革对人才素质提出的不同要求。尤其是体育教师在日益深化的体育教育改革的过程当中，应该对教育的科学原理和方法进行全面的掌握和熟练地运用。举例来说，体育教师需要熟练运用教育学、教学论等多个学科的理论和方法，以更加高效的教育手段与教育技巧，将自己的专业知识和技能尽可能多地传授给学生，以使学生在身体和心理各方面得到均衡发展。

3.良好的专项技能技术

体育教师想要推动高校学生的身心健康和全面协调发展，以及有序组织和开展体育教学、运动训练等工作，不仅需要对至少一项运动理论和技术技能进行全面掌握和灵活运用，还应努力掌握更多的娱乐体育和休闲体育项目，唯有如此才可以更好地完成他们的本职工作。所以，体育教师不仅需要在体育运动技术方面有全面的发展，还必须在专业领域具备专业的理论知识及技术能力，以充分满足学校运动队的实际训练需求及选修课的开设要求。

4. 先进的现代教育思想和教育观念

教育观念和教育思维在体育教师应具备的素质中占据了关键的位置。在新时期的学校中，体育教师要想成为一个高素质、高水准、高水平的教育者和管理者，就应该树立正确的教育观、质量观和创新观，以适应时代发展的要求。人们的思维与观点反映了他们更高层次的心理需求，这可以将教师的内在动力充分激发出来，促使他们积极投入教育和教学活动中。一名合格的体育教师，应该具备良好的思想品德修养和较高的专业知识水平。对于体育教师而言，在新时期想要紧跟时代发展步伐首先需要拥有素质教育的理念与思想，包括终身体育等全新的教学理念、学生观等。简单来说就是，体育教师需要从过去仅为升学和比赛服务的模式，逐步转变为更全面地服务于提升所有学生的综合素质；需要从仅以考试分数、升学率和运动成绩作为评价准则，逐步转向以学生的全面体能和身体素质为评价标准。在这一转变中，教师应该更加注重学生的全面发展，在教学过程中提升他们的体育能力，并促使他们以生动、活泼的方式不断发展。

5. 全面的专业工作能力

（1）教学能力

体育教师完成其教学任务时应具备的核心能力是教学能力，同时这也构成体育教师综合素质的一个重要组成部分。教学能力体现在具体的教学质量和水平上，还体现在教学管理等多个方面，基本上可以总结为以下四个方面：第一，文件理解与执行贯彻能力；第二，制订科学教学管理策略和方法的能力；第三，对教学成果进行评价的能力；第四，选择、处理和开发教学材料的能力。

（2）训练能力

在确保教学质量的过程当中，体育教师也需要对至少一个或者两个运动项目的训练有深入的了解，这样才可以更有效地完成学校的课后培训及国际交流比赛的相关任务。其中，对代表队的管理以及比赛组织的能力、制订并执行培训方案的能力等均属该范畴。

（3）运动能力

运动能力是体育教师日常工作中最根本和基础的能力，这种能力既区别于普通人独立进行身体锻炼的基本运动能力，也与专业运动员在比赛和训练中的独特运动能力有所不同。在体育教育工作中，教师的各种运动能力均是通过一定的形式表现出来的，这主要体现在规范熟练的动作展示、掌握动作的关键技术环节等。在体育课堂教学中，教师要注重对学生良好行为习惯和意志品质的养成，使他们成为具有较高综合素质的人才。为了培养和提升这种能力，体育教师不仅应该持续深入研究运动技术的理论和学习新的技术与动作，还应该充分按照不同的教学和训练目标在实际操作中进行不断的积累。

（4）组织能力

体育教师不仅需要在教学、培训和科研等多个领域具备较强能力，还应拥有一定的组织能力，就某种程度来说这充分展示了体育教师如何将其专业的知识和技巧灵活运用于社会中。组织能力是体育教师在教育实践中所表现出的一种特殊能力，也是教师在完成特定任务时必须具有的综合能力。组织能力包括教师可以恰当地使用队列来有序组织"两操一课"活动的能力等。

（5）社会交往能力

现代社会，人才竞争激烈，机会稍纵即逝。当代中国名人越来越具有推销自我的意识，这种意识对他们事业的成功具有很大的帮助。因此，体育教师有必要树立具有时代感的新形象，通过与不同人群的交流沟通，让社会了解体育教师工作的性质和意义，创造学校体育工作的外部条件与环境，展示体育教师各方面的才能。而且，体育教学本身也是一项具有广泛群众基础的工作，学校体育不仅是体育教师应该承担的事，而且与班主任、共青团、后勤管理等部门有紧密联系；不仅要面向全体学生，也要面向社会，因为广泛的社会接触既有利于对学生的教育，也有利于全民健身计划的更好实施。

6. 良好的心理品质和强健的体魄

为了成功地完成教育目标，教师必须具备良好的心理品质，这些品质主要涵盖了正直、公正等多个方面，它是体育教师在教育教学活动中对学生进行思想政治工作和心理辅导所必不可少的重要条件之一。教师的个性在教学中会对学生的心理产生非常显著的影响，教师只有和学生建立良好的关系，同时营造一个良好的课堂氛围，学生才可以在学习过程中实现共同合作。教师的人格特征会给学生带来积极或消极的影响，因此高校要培养和提高教师的个性心理素质。在教育过程中，教师扮演着关键的引导角色，这使得学生的身心向着社会期望的方向发展。

同时，这种引导作用能够得到充分的发挥，主要依赖于教师的独特性格和品质。体育教学过程中教师必须具有强烈的事业心、高尚的人格、丰富的专业知识及健康的体魄等特点。随着时代的发展，未来教师和教师之间的职业竞争是教育进步的结果，体育教师将遭遇职业选择的再次挑战，同时他们也会进入全新的工作氛围，有全新的人际关系。由于体育教学任务重、难度大，是一个复杂的系统工程，这对体育教师来说既是机遇又是挑战。未来的教师将拥有更广阔的活动领域和更广泛的影响力，会受到各个年龄段及拥有不同知识背景个体的监控和高度模仿。所以，未来的体育教师不仅需要拥有较强的心理承受能力和抗挫败力，还应该及时而有效地管理自己的情绪，并与他人愉快地合作。同时，作为一个教育工作者，还要具备一定的心理学理论基础，唯有如此才能更好地适应新时期体育教学改革的需要，成为一名合格的 21 世纪全能型人才。体育教师在教学活动中，不论是心理属性还是他们所展示的行为，均会对学生产生显著的影响。

体育教师需要具备出色的身体素质，这不仅是终身锻炼的基本需要，也是进行体育教学、提升运动技能及快速适应社会体育需求的不可或缺的重要条件。所以，体育教师应该对全面提升自身的身体素质给予高度重视。体育课教学具有一个突出的特性，那就是直观的教学方式。体育教师借助不同的方式提升自己的身体素质，不仅有助于提高运动技能水平，更能在体育课上提高教学效果。教师的示范不仅是一种指导，更是一种启发与激励。常言道"百闻不如一见"，向学生示范是至关重要的，教师除了应该具备一定的身体条件和技能基础，还应该有充沛的体力和熟练的技能，这样可以使学生的自信与力量得到双重的增强，并且不断加强他们的直观感知及对教师的认同感，从而使学生对学习的兴趣得到较大幅度的提升，最终让课堂教学效果得到提升。

二、高校体育学的主体——学生

（一）大学生的身体发育

1. 身体形态发育

大学生的年龄一般为 18~25 岁，在这一时期，人体各器官组织的生长发育都已基本完成，各方面的身体素质也处于较高的水平。性别方面，由于性别不同而使男女大学生之间的身体形态发育很不平衡，男女之间的身体形态具有很大差异，性别特征差异较为明显。

2.身体机能发展

身体机能的发展包括神经系统的发育、骨骼肌肉系统的发育、呼吸系统的发育、心血管系统的发育等。

第一，神经系统的发育：大学生的抽象思维能力、分析综合能力已经非常完善，大脑结构和技能已达到成人水平。

第二，骨骼肌肉系统的发育：大学生在度过青春期后，骨组织内无机盐增多，水分和有机物减少，骨密质增高，骨骼变得粗硬；肌肉长度和横断面积增加，肌力增强，对力量和耐力性的素质练习承受能力也有所增强。

第三，心肺功能的发育：和青少年相比，大学生的肺活量、肺容积增大，呼吸肌增强，呼吸频率减慢，呼吸调节能力增强。

3.身体体能发展

大学生的身体体能的发展与身体形态和机能的发展趋于一致，表现出较为明显的阶段性，形态、机能发育基本稳定，身体体能达到高峰。此外，大学生的身体体能的发展表现出一定的差异性，如男女大学生体能的发展速度不同，不同大学生各项体能素质的发展速度不同。

（二）大学生的心理发展

大学生的抽象思维能力较青少年时期有了较大的提高，辩证思维开始形成，思维的独立性和批判性也更加鲜明。在学习方面，越来越重视学习的效果和教师的评价，以及将社会意义和自身的发展联系起来，学习兴趣也开始分化和带有选择性、稳定性，学习的有意性和自觉性有了提高，独立学习的能力也逐步发展。

大学生的道德感、理智感达到较高水平，他们的意志品质也得到了迅速发展，独立性也有所增强，自控能力也随之增强，但仍具有草率性和冲动性。

（三）大学生全面发展的体育教学要求

1.大学生身体健康发展的体育教学要求

结合大学生身体发展的特点，在普通高校体育教学中，想要促进学生的身体健康发展，应做到以下三点。

第一，体育教师要根据不同大学生不同年龄阶段的特点进行科学安排和实施体育教学。

第二，体育教师在体育教学中，要不失时机地抓住大学生不同年级（不同年龄阶段）的特点，发展他们的身体素质，尤其要重视并善于把握大学生身体发展的敏感时期，采取有效手段，合理组织教育与锻炼，争取取得最佳体育教学效果。

第三，体育教师还要注意根据大学生生长发育的规律和身体发展特点安排体育活动内容。具体来说，要结合不同年龄阶段的大学生特点合理安排运动负荷，在安排大负荷、高强度的运动训练时，要特别注意运动损伤的预防和科学处理。

2. 大学生心理健康发展的体育教学要求

大学生的心理健康发展，需要教师在体育教学过程中营造一个良好的心理建设氛围，并科学控制教学过程，促进学生心理健康发展，具体应注意以下三点。

第一，体育教师要营造一个进行体育活动的良好氛围，建立和谐友好的师生关系。提高大学生参与体育锻炼的兴趣，激励大学生参加体育锻炼。

第二，体育教师在学校体育教学过程中，不应该只注意到大学生性别、年龄上的差异，还要注意到大学生个体之间的差异，尊重个性差异的存在，鼓励大学生发挥各自不同的特长和风格，鼓励学生张扬个性。

第三，体育教师要把心理发展渗透到学校各项体育活动中去，在高校体育中有意识、有目的地对大学生心理施加影响，在潜移默化中促进大学生心理的健康发展，满足大学生心理发展需要。

3. 大学生社会能力发展的体育教学要求

在高校体育教学中，通过组织和开展教学活动，可以增强大学生的社会适应能力，具体应做好以下四个方面的工作。

第一，选择适当的体育活动项目，积极引导大学生在体育活动中扮演和体验不同的社会角色，丰富社会角色体验。

第二，广泛开展高校体育竞赛，让每一个大学生都能在融洽的环境中交往、合作，共同努力完成体育活动，使大学生在生动、激烈的比赛对抗中培养团结合作精神、竞争意识等。

第三，重视体育教学内容和运动负荷的科学设计与安排，锻炼大学生克服困难的精神和意志，提高大学生的社会适应能力。

第四，营造一个愉快、宽松、民主的体育运动氛围，倡导大学生遵守体育运动竞赛规则，建立大学生的社会民主和发展意识，规范学生的社会行为。

（四）体育教学中实现学生主体地位的基本策略

在体育教学中如何发挥学生的主体作用是体育教学落实素质教育的重要课题，也是当前体育研究者和工作者普遍探讨的问题。鼓励学生全体参与、区别对待每一个学生、树立正确的学生主体观念、发扬教学民主和创造和谐课堂环境、改进教学方法和改革学习评价方式是实施以学生为主体的基本策略。《义务教育体育与健康课程标准》，要求教师掌握新的教学观念，改变过去以教师为中心，以教材为中心的倾向，突出以学生为本，真正确立学生在课程教学中的主体地位，最大限度地调动学生的自觉性、积极性和创造性，使学生成为学习的主人。每个学生从情感上、行动上主动参与教学活动，是学生完成学习任务的倾向性表现行为。

1.增强学生的主体意识

教师在教学中应该对他们的教学经验进行及时的总结与概括，确保学生明确了解体育学习的目的，同时根据学生的独特性质，科学、合理制订合适的学习策略，激励他们主动面对并克服挑战，积极参与体育锻炼，确保教师在体育教学中发挥核心作用。教师的这些心理素质直接关系到课堂教学效果和教学质量的提高。因此，教师需要确立以下的观念。

首先，要确立学生在教学活动中是唯一的中心角色这一观念，明确学生在教学活动中的主体地位。学生不仅是学习的中心，也是发展的中心，他们享有学习和发展的权益。因此，在教学活动中应充分发挥学生的主体作用。作为教师，有必要改变"师道尊严"及"教师为核心"的传统观点。

其次，教师在教学中应该以学生为中心，最大限度地激发学生在运动实践中的独立性和自主性，使他们在实践的过程中可以全面掌握锻炼技巧，积累宝贵的经验，同时激发学生对学习的浓厚兴趣，培养和提升自我锻炼的能力。

2.启发学生全体参与

学生参与教学活动，充分反映了他们对活动的归属感和卷入性，也从侧面将学生对教学活动的态度和方式展现了出来，同时决定了活动的方向、性质和最终结果，最终对活动的始发与质量产生直接影响。在实际教学中，体育教师要根据不同层次、不同水平学生的心理特点和认知规律，采取有针对性的教学方法。所以，在体育教育过程中，体育教师需要唤起每个学生的学习热情，只有让每一个学生都积极参与到教学活动中来，才能使课堂充满活力。从教学活动的角度看，每一个个体参与的全过程，简单来说就是一场活动，一旦参与完毕，整个教学过程便告终结；从群体看，每个人都要参加活动，在集体活动的背景下个体参与的结束，并不意味着活动的全部结束。要使每个人都能积极参与到教学活动中来，体育教师必须采取各种有效手段和方法，充分调动每一位学生参加体育锻炼的积极性，以提高体育课教学效果。在教育过程中，教师可以采纳以下关键手段。

首先，在进行体育教学时，体育教师必须高度重视和强调教学活动策划的重要性，确保这些活动能够吸引学生的注意，激发和调动他们的学习热情，并鼓励他们积极参与教学过程。

其次，体育教师应该将学生的个人活动与小组和集体活动有机结合在一起，以鼓励所有人参与其中，同时使教学的整体质量得到有效提升。

最后，体育教育中应增加更多的职位，扩大学生的参与范围。想要消除部分学生的自卑感，学校应该创设播音员、器械员等不同的职位，并采用轮流上岗的方式，以进一步增加学生的参与度。

3. 关注个体差异与不同需求

首先，体育教师将体育成绩和在身体素质上表现出色的学生划分在同一个小组中，并且在进行教学活动的过程当中，主要侧重于创造性学习，旨在培养和提升他们在思考、想象和自主学习方面的能力，同时设定具有较高发展性的教学目标。

其次，体育教师将体育成绩和素质中等的学生划分为同一个小组，目的是培养和提升他们在观察力、理解力和动手方面的能力。教学中不可以让这些学生觉得自己太差，无法取得进步，更不可以让他们变得过于骄傲和自满，从而满足现状，不思进取。

最后，体育教师将体育表现不佳或素质较差的学生划分为同一个小组，教学中以模仿学习和实践学习为主。只要这些学生稍有进步，体育教师就应该及时给予肯定，这样可以增强他们的自信，使他们相信自己，并相信只要付出努力，就能获得好成绩。

4.创造和谐课堂环境

首先，体育教师在教学过程中需要将自己的外在权威，逐渐转变为内在权威，注重塑造一个以深厚的知识和崇高的师德为核心，同时具有亲和力的内在人格形象。

其次，体育教师需要转变传统的师生单一互动模式，促进个体与群体、个体与个体等多向的交流。体育教师应该鼓励学生自由地探索、热情地讨论和表达自己的观点，而不是仅依赖教师提问学生回答的单向沟通方式。

最后，积极构建一种基于资源分享的教师、学生合作关系。在资源分享的伙伴师生关系中，教师应该积极融入学生的活动，积极地投身于他们组织的各种活动和游戏中，不仅参与游戏，更要展现出与学生平等竞争的态度。这样的活动不仅增进了师生之间的互动，也培养了学生的团队意识和责任感。

5.改进教学方法

首先，体育教师鼓励学生自行策划各种活动，如准备、放松等活动。举例来说，在教学过程中学生通过深思熟虑、构思等逻辑活动，编创手球、足球等比赛。通过组织各种形式的练习来培养学生的兴趣和能力，尤其是在教师徒手操创编的过程中应该正确引导学生理解并熟练掌握创编动作的基本原则、执行路径及动作幅度。

其次，体育教师要对各种体育教具进行灵活运用，将其潜能和作用充分发挥出来。例如，学生可以使用板羽球拍打羽毛球，用羽毛球拍打乒乓球等。

最后，体育教师应该深入研究现有的教材，并编创新的教材。例如，当学生熟练掌握了动作技巧之后，体育教师能够按照教材中的动作顺序重新编排或自编教材。

6.改革学习评价方式

过去，测验与考核经常被学者和专家视为评价体育课成绩的核心标准。在新的教学方式下，教师需要注重和强调学生的发展性评价，关注他们在学习过程中的进步幅度，也就是强调过程性评价。新的教育方法鼓励教师对学生的发展性评价，而不是仅依赖终结性评价。为了实现多元化的课堂评价方式，教师可以引入学生的自我评价和小组评价，或者将自我评价、小组评价及教师评价三者有机结合起来，以确保学生可以对自己或者他人进行客观评价。通过评价，学生逐渐建立起对自己学习、体验、发展的认知。通过形成性评价，学生在课堂上能够更加专注地学习技术动作，这不仅提高了练习的效果，也激发了比赛的积极性，同时可以有效地激励与引导学生，使其成为促进学生全面发展的有效工具。

三、构建师生的人际新关系

（一）与学生建立密切的师生关系

体育教师应明确认识到，教学是师生之间相互交往的过程，是建立良好的师生关系的主要阵地。师生关系不仅是教师教给学生知识和技能的关系，也是人与人之间相互交流的关系，教师应主动加强与学生交往，并在交往中表现出真诚，以此来影响学生。

（二）尊重学生，建立平等的师生关系

尊重不仅是人类高级心理需求的一种表现，学生群体亦如此。在和学生的互动中，体育教师应当充分尊重其人格尊严，将他们视为一个独立且完整的社会成员，确保教师与学生之间的平等性，并避免任何侮辱学生人格、侵犯学生权益等行为的出现。这样才能使师生关系融洽和谐，形成良好的育人环境。只有当教师尊重学生的时候，学生才会对教师表示尊重；只有当学生积极地配合教师的时候，教师才能更顺利地完成教学任务，进而使教与学的效果得到进一步提升。

（三）理解、信任学生，构建合作的师生关系

教师与学生之间的关系在某种程度上对教学流程的流畅、教学成果有着直接的影响。如果在执行教学活动时，教与学的目的能够保持高度的一致性，那么教师和学生就可以联合起来，形成合力，也就更容易实现预定的教与学目标；相反，则彼此掣肘，造成阻力，不利于教学质量的提高，最终甚至会妨碍预定的教学目标实现。因此，教师想要和学生建立稳固的合作伙伴关系，需要通过不同的途径对学生进行深入的了解，同时在充分掌握学生的心理、生理特性，以及个性差异的前提下，对他们有深入的认识。在此基础上，师生之间才能建立一种良好的合作关系。

此外，体育教学要求体育教师理解、信任每个学生，同时为了激发学生参与

体育学习和活动的热情，体育教师应按照每一个学生的特长和优势，努力为他们创造一个有益的学习环境和条件，让他们按照自己的能力和学习方法来进行体育学习。

（四）民主、公正地对待每一个学生

传统体育教学是从军事操练和传统武术练习演进而来的，具有强烈的命令性，导致体育教师在教学过程中始终处于绝对支配的地位，学生的主动意识较少，因此造成师生的对立关系。这样教师与学生关系并不能真正将以学生的成长为中心的教育理念充分展现出来，这无疑会使学生长时间处在被动的学习状态中。在传统教学模式下，师生之间缺乏交流与沟通，在教学过程中教师没有对学生的思维、情感及实际需求进行综合考虑，而是根据教师的个人意愿在课堂上教学，导致学生在课堂上被动地学习、接受及再现知识。在教学上根本无法体现民主意识，学生一直处于被"压迫"状态。因此，教师在体育课堂中是教学的主导者，难以实现教与学的相互促进，学生也难以主动地建立和掌握运动的知识与技巧。

第二节　学生的观念及其身心发展特点

一、学生的观念

学生所拥有的基本观念，也就是我们常说的学生观，实际上是教师在各类教育理念、教育思维和教育主张下，对学生的认知、态度和行为方式的综合反映。从其组成结构来看，教师所掌握的学生观可以被划分为三个不同的层面：首先是基于观念和法制水准的学生观，也就是所谓的原则性学生观；其次是一般水准的学生观，这是在与学生互动时所普遍展现的学生观；最后是较为具体的学生观，也就是教师对于每一个学生的独特印象、想法和他们期望的学生观。考虑到现代人的学习观和教育观的具体情况，教师在理解和对待学生时，所秉持的基本观念应该注意以下三个要点。

（一）发展的独特的个性

学生在身体特点的表现上与成人存在明显的差异，他们具备独特的需求和自

主发展的方法，因此教师在对待学生时绝对不可以完全按照成人的标准进行要求。此外，学生在身体和心理上展现出的各种特质都是不断变化的，他们在不同方面的成长都有着较为明显的变化表现。所以，对于学生来说，教育是其最迫切的需求，与此同时，学生也是最易于接受教育的。教师要以发展的眼光辩证地看待学生，诸如教学目标、教学内容、教学方法等的选择，都要根据学生的身体发展水平来确定。

（二）具有主体性的人

必须在获得学生的主体意识的选择和支持之后，体育教学的影响才能在学生的知识、能力等各个方面的发展中产生积极的影响。苏霍姆林斯基（Sukhomlinskii）的教育理念"让每个学生都抬起头来走路"[①]，意在唤起学生学习的主体性。教学活动中学生的主体性表现在以下 4 个方面。

1. 对教育影响的选择性

学生对教师的教育影响并非无条件地接受，他们要求教师的教学尽量适应学生的需要、符合学生的身心发展等。因此，学生有根据主体意识积极地或消极地进行选择的权利。

2. 学习的独立性

对于学生来说，在学习的起始点、目标和追求等方面都存在显著的差异。在体育教学过程中，教师需要因材施教。

3. 学习的主动性

在学习活动中，学生自身所具备的学习主体性的本质，主要通过这一过程中学生的主动性与自觉性加以体现，因此体育教师在开展教学活动之前，首先需要激发学生自身的自觉性、主动性与自我追求。

4. 学习的创造性

学生完成体育教学任务的方式、方法、思路以及对问题的认识等，并不一定完全遵循教师所教的内容或方法，可能会表现出一定的创新性和创造性。因此，体育教师要特别赞同并鼓励这种创造性。

---

① 李景丽 . 创新教育背景下的体育教学发展探索 [M]. 南京：南京出版社，2022.

（三）具有潜能特征的人

越来越多的科学发现证明：人体内潜存着大量未被开发利用的能力。一般来说，学生的潜能具有以下特点。

1. 丰富性

建构主义学习理论强调学生经验世界的丰富性和巨大潜能，认为每个人在自己的活动和交往中形成了自己个性化、独特的经验，有自己的兴趣和认知风格。这种理论基础为教育实践提供了重要的指导，即要尊重和发掘学生的个性和潜能。

2. 隐藏性

潜能的特点就在于它的隐藏性，是沉睡在人体中不为人们所认识的各种特殊能力。潜能是潜在的能力，尚未显现出来，需要通过特定的方式被激发和开发。

3. 差异性

每个人都有自己的潜能领域，但潜能的能力、能量、等级因人而异。潜能的显现或与心理发展的关键期有关，或与人的社会性实践有关，或与早晚有别。"尊重学生的个性差异发掘潜能"是教育工作中至关重要的一部分，每个学生都是独一无二的个体，他们有着不同的背景、兴趣、能力和学习风格。这表明，教育者需要根据学生的不同需求和学习风格，提供个性化的学习环境和工具，以便学生能够更好地参与体育学习。

4. 可开发性

每个学生都拥有尚未被发掘的能力和潜力，体育教学是发现和开发学生各方面潜能的重要途径。

二、学生身心发展的特点

（一）体育教学与大学生的生理心理特点分析

目前，高校大部分学生正处于青少年中期，这是一个从儿童阶段过渡到成人阶段的发育时期，并且在这一时期，大部分学生的性格、认知等都在逐渐形成，极为关键。高校学生的生理与心理正在逐渐走向成熟，此时也是他们充满活力和朝气的时期。对于高校与家长来说，不仅应当重点关注这一时期学生的理论知识的教育问题，还需要确保其能拥有健康的体魄和健康的心理。

1.在体育教学中影响大学生生理的分析

（1）形态方面

在身高、体型、体重等方面，大学生的表现已经与成年人相当接近，其身体内部各种器官发育也处于逐渐缓慢下来的阶段，在此阶段大学生自身的骨骼现在已经变得相对坚硬，其所具备的承受能力有了显著提升，但其关节的灵活性和柔韧性已不如儿童时期。

（2）生理周期方面

相较于成年人，大学生的智力、体力、生理指标和情绪等多个方面在稳定性上稍逊一筹，这种不稳定性会导致其出现周期性的波动。受到性激素的影响，男性和女性的身体逐渐变得更加丰满，此时他们的活力和体力已经达到了自己人生中的巅峰。在具备出色身体条件的前提下，增强力量、耐力和掌握技术对于大学生来说是至关重要的。然而，在日常生活中，大学生必须重视营养摄入合理，以确保身体健康成长。

（3）机能方面

随着大学生胸围、胸腔、肺活量及心脏容积和收缩力的增大，身体的弹性和伸展性逐步增强。科学证明，青年阶段是进行肌肉训练和耐力训练、掌握技巧的最好时期，同时合理的体育锻炼，对促进心血管系统、呼吸系统等身体机能具有积极意义。

2.在体育教学中影响大学生心理的分析

（1）明确学习动机，增加学习动力

在素质教育的过程中，大学生不仅能够借此积累多样化的学科知识，而且他们的认知和判断能力也得到了强化。因此，他们能够深刻地认识到体育锻炼活动的重要性，都有了更为明确的理解和全方位的追求；体育的社会性、全面性和全民性得到了深入且理性的认同与支持；崇高的社会主义建设事业能够激发他们对于人生目标的追求，并为他们的学习和日常生活提供明确的方向。他们参与的体育课程和各式各样的体育锻炼，都能为他们带来成功的满足感和幸福感。

（2）明确选择意义，巩固发展兴趣

在素质思想教育的影响下，大学生对体育课和训练的兴趣逐渐增强，他们甚至已经有意向投身于体育领域。众多大学生都有机会树立正确的学习观念，培育多样化的兴趣和爱好，并保持体育锻炼习惯，这为他们未来的生活打下了坚实的基础。在不断成长过程中，伴随着年龄的增长，大学生终于能够独立应对各种挑战，积极地规划自身学业和锻炼计划。由于学生正处于充满活力的青少年阶段，他们对体育的热情和看法发生了极为明显的分化和区别，这也导致他们在选择体育项目时会有极为明显的不同。大多数女生更倾向于选择难度相对较低、动作轻盈流畅且表现高雅的体育项目，例如健身操、羽毛球和乒乓球等；男生更倾向于参与动作幅度较大、难度较高的竞技活动，例如篮球、足球和拳击等。

正因为缺乏对体育及相关锻炼的正确指导和全方位的了解，或者是受到体育成绩的影响，有些学生可能会对参加体育课和进行体育锻炼持有负面的看法。正处于青春期的女学生在身体上的变化变得非常明显，她们的灵巧性、敏锐性和技巧性与之前相比，存在显著降低，这会导致她们在对相应的体育运动项目的热情出现减退。有时候，学生也可能会受到强烈的阳光或扬起的尘土等天气情况的影响，出现害怕出汗、害怕劳累、害怕自身衣服被弄脏等问题，这些都反映了他们缺乏坚定的意志。由于男性具有高度的活跃性和随意性，在进行体育锻炼时，他们经常会出现受到伤害或情感低落等情况。并且，有研究表明，在年龄不断增长的过程中，大学生对体育课的喜爱程度与参与程度都在不断下降。造成这种情况的原因有两个，一是学生面临着巨大的学习压力，这使得他们很难尽心尽力去关注与体育有关的训练项目；二是学校的不良运动环境和条件极大地影响了他们对体育活动的参与。对于大部分高校大学生来说，他们对当前的体育教学状况表示不满。

显然，不喜欢甚至是厌恶体育课程的学生，不仅对体育活动缺乏热情，同时也会对现行的体育教学状况感到不满和不适应。因此，在这个问题上，教师有着不可推卸的责任。为了激发和维持学生对体育教育的热情，并让他们通过实践来锻炼，教师需要进行深入的分析和研究，这样才能针对性地制订合适的解决策略。

（3）发展抽象的逻辑思维

由于大学生在人生和社会经验方面相对有限，他们的抽象逻辑思维尚未完全成熟。这主要表现在：学科知识具有局限性，学生所表述的各种理论假设通常浮于表面，没有足够的科学依据作为支撑，因此其论证结果不够准确，也不具备判断性；在当今的体育教学和训练中，大学生已经不再满足只接受浅显的体育知识、技能和方法，这部分人更倾向于深入了解和掌握难度较大或动作较复杂的体育项目，并深入分析其结构、原理和规律；他们更倾向于在教师的引导，通过自身细致的观察和深入的思考来理解运动的本质和内在规律。

此外，这些大学生还会根据教师的教学方法、态度、技巧等，对其进行深入的评估，并提出合理的建议。尽管他们对教师的认识和评价可能不是完全客观和准确的，但这些观点和评价确实在一定程度上影响了教师对待教学的态度和方法。因此，身为体育教师，在各个方面都应该为学生树立良好的榜样，这就要求教师始终严格要求自己、尽职尽责。

（4）爱美和从众心理的指导

在大学阶段，学生逐步开始关心他人对自己外貌的各种评价。他们开始有意或无意地关注自己的外在表现，而这也在很大程度上有效激发了他们对美的认识与追求。甚至部分学生开始产生容貌焦虑，例如某些男学生的身高偏矮且身体瘦弱，面部还长有青春痘和粉刺等；对于女学生来说，她们关注自己的服装打扮，或者是担忧自己的身材可能略显丰满等。

从众心理是影响大学生参与体育活动的一个重要因素，主要表现为，在部分大学生观察到运动场中其他人的活力表现时，也会对此产生一定的兴趣。因此，大学生周围的学习和运动环境会影响他们对体育活动的关注程度与参与兴趣。

大学阶段不只是学生进行体育锻炼的最佳时机，同时也是其建立正确"三观"的重要阶段。为了有效促进学生正确的审美观、坚定的意志力和高尚的美德的养成，教师就需要为其进行正确的引导并开展合适的思想教育工作。

（5）形成价值观，进行职业的选择规划

大学生对生活充满了期望和激情，通常情况下，他们的感性会超过理性，他们总是期待获得一个更加美好的未来，在学习和社会的所见所闻当中，他们开始为自己的未来和职业规划制订蓝图。在正确的思想教育指导下，他们学会了按部就班地实现自己的理想，掌握了扎实的专业操作技能，并且认识到保持身体健康的重要性。因此，他们对体育活动的标准日益提高，强调体育活动与生活的紧密联系，以及理论与实践的融合。在他们努力学习和掌握各种技能的过程中，他们还会按照自己的身体状况和将来的职业需求来挑选合适的体育活动。显然，大学生在问题的探索、提出和解决等方面表现得比较肤浅和不全面，这就需要教师持续进行指导。

3. 在生理和心理方面的指导

在大学阶段，身体机能和运动技能正处于一个高速发展的阶段。体育教师有责任协助学生战胜生理障碍，帮助他们解决生理成长过程中的阻碍，并激励他们更加主动地参与体育锻炼；创建一个优质的学习环境，并不断丰富教学资源和设备，根据学生的身体条件和学习需求，积极举办各种体育活动；以增强学生的耐力、意志力和战斗能力为主旨，设置对应的体育训练项目，构建坚实的技能训练体系。

体育教师需要深入了解并关心男性和女性学生之间的性别差异和技能差异。在上体育课时，教师可以对他们进行独立的训练，对女学生，可以借助耐心和宽容的进行思想引导，在培养她们柔韧性的同时，也引导其进行形体锻炼。面对男学生的时候，不仅可以与他们进行各种活动的互动交流，还能对其进行一些关于运动技巧的专业指导。

教师高度关注学生在"德、智、体、美、劳"各方面的综合素质培养，并致力于不断加深教育实践与各学科间的紧密合作。根据学生的实际情况和他们的期望，引导其进行相应的锻炼活动。根据学生的学习目标、人生规划及职业选择，以简明扼要、形象生动的方式进行讲解与示范，有效激发学生对于体育锻炼的兴趣与热情。

引导学生摒弃落后的审美观念和盲从的心态，使其养成正确的抽象思维，之后在实际操作的过程中，不断加强自身自信。在考试开始之前，我们可以通过一些增强自信的策略，帮助学生准确地了解自己的水平，从而提升他们的即兴表现和应对突发情况的能力。当学生感到紧张时，为他们提供转移注意力的方法，引导其合理调整情绪，从而恢复到正常状态。在正式开始训练之前，对于过于兴奋的考生，可以建议他们进行一些运动量相对较小的预备活动，或者通过按摩肌肉来达到心理放松的效果，最终稳定情绪。

简单来说，大学生在心理和生理上的独特表现在体育教育中是不能被轻视的。在体育教学过程中，学生需要激发自己对运动的兴趣和热情，调整不健康的心理和生理状况，解决所有的困难，找到合适的学习路径，不断提升自己的能力，并养成健康的身体素质，以实现自身远大理想。作为孩子的父母，应该全心全意地支持他们的兴趣和职业发展，帮助他们建立正确的审美观、价值观和世界观。在体育教学中，教师应该以现代化为方向，合理且科学地利用丰富的教学资源，使年轻学生可以有坚实的教育基础，确保他们在德、智、体、美、劳各方面都能得到均衡发展。

（二）学生身体素质的发展与体育教学

身体素质受先天遗传的影响较大，同时也受后天的影响。一般把身体素质理解为学生这一有机体在体育活动中所表现出来的各种机能能力。长期以来，在理论表述上，一般对这些机能能力进行归类，分别冠以"速度素质""力量素质""耐力素质""柔韧素质"等约定俗成的称谓。随着学生年龄的逐渐增长，他们的身体素质也会发生相应的变化，这种变化在年龄和性别上都表现得尤为明显。在学生阶段，身体素质的发展特征如下。

1. 身体素质的增长

在达到 25 岁之前，随着年纪的逐渐增长，身体素质也会自然提升，这就是身体素质的自然增长。其增长趋势在青春发育期内速度最快，幅度最大，此时期男生为 15 岁左右，女生为 12 岁左右。在性成熟结束时，身体素质的增长速度开始减慢。男女生身体素质发展的速度不同，表现出明显的波浪形和阶段性。12 岁以前，男女生之间的各项身体素质差别并不大。13～17 岁，身体素质的性别差异迅速加大，男生的身体素质明显优于女生（柔韧素质除外）。18 岁以后，身体素质发展趋于缓慢且趋于稳定。学生在不同年龄阶段，各项身体素质的增长速度不同，即使在同一年龄阶段，不同身体素质的发展变化也不一样。

2. 学生身体素质发展的阶段性

学生身体素质的自然提升分为两个阶段：增长阶段和稳定阶段。随着年龄的逐渐增长，身体素质也会相应地上升，这就是增长阶段，这一阶段可以进一步细分为快速增长和缓慢增长两个阶段；所谓的稳定阶段，是指在某个年龄段，身体素质的增长速度会明显地减缓、停滞，甚至可能出现下降。

据研究，在身体素质的自然增长阶段，男生在 19 岁以前，女生在 11～14 岁。1 分钟快速仰卧起坐、60 米快速跑、屈臂悬垂、立定跳远、400 米跑五项身体素质随年龄增长而提高，其后身体素质的提高速度逐渐减慢。根据身体素质每年增长的速度和增长的基本趋势，男学生的身体素质增长可以被分为三个不同的阶段，分别是快速增长、缓慢增长及稳定阶段。女学生的身体素质提升可以被划分为四个不同的发展阶段，分别是快速增长、停滞或下降、缓慢增长及稳定阶段。身体素质在从增长阶段过渡到稳定阶段有先后之别，按照顺序依次是：速度素质—耐力素质—力量素质。男生和女生的排列顺序是相同的。

3.各项身体素质发展的敏感期

在身体素质发展的过程中，不仅存在一个连续的增长速度较快的时期，还有一个身体素质发展的敏感期。所谓身体素质发展敏感期，是指身体素质自然增长最快速的阶段。在这个阶段，学生的可塑性最大，施以教学与训练，锻炼的效果明显，某种身体素质有可能实现明显的提升。鉴于男生和女生在成长过程中存在显著的性别差异，他们身体素质发展的敏感时期也各不相同。通常情况下，当身体形态经历 1～2 年的急剧增长后，就会进入身体素质的敏感时期。

在学生身体素质发展的过程中，由于各种身体素质增长的速度有快有慢，出现高峰时间有早有晚，因此在各项身体素质指标发展的顺序上有先有后。根据有关研究，在不受外界教学训练因素影响的自然增长情况下，男生从小学到大学的全过程中，速度、灵敏、速度耐力领先；其次是下肢爆发力；增长较慢的是臂肌力即静力性力量耐力。女生各项素质发展的过程，随着年龄的变化，在不同阶段表现出不同特点，7～12 岁之间，同男生一样，速度、灵敏、速度耐力、腰腹肌力量的增长领先；其次是下肢爆发力、臂肌力即静力性力量耐力增长缓慢。13～17 岁进入青春期以后，速度、灵敏、速度耐力和下肢爆发力增长领先；其次是腰腹肌；最慢的仍然是臂肌力。这与青春期女生形态发育的变化有关。大约在 19 岁后，女生腰腹肌力量增长较其他素质指标增长要差得多。

考虑到学生身体素质随年龄变化的表现特征，在体育教学过程中，教师需要根据学生在不同年龄段的具体情况，适时地提升他们的身体素质。鉴于大多数学生的身体素质在 13～15 岁之前就开始快速增长，这就意味着教师需要在小学和初中时期就加强对学生综合素质的培养，确保他们从小就具备坚实的体能基础，由此在高中和大学时期，他们的体能水平才有可能得到充分提升。

（三）体育教学对大学生心理素质的影响

在不同的成长阶段，学生的心理发展特点也会有所不同。因此，教师需要深入了解学生在不同时期的心理表现，有针对性地精心组织教学活动，关注每一个教学环节，以激发学生对运动的热情，并让他们对运动产生浓厚的兴趣。

1. 体育教育有利于大学生情趣的培养

从心理学的角度看，学生的兴趣是基于他们的需求而产生的。因此，教师在授课时，需要按照学生的年龄、特点和对不同运动项目的兴趣来组织课堂教学，从而确保他们的心理需求可以得到充分满足，并进一步激发他们的积极心理反应。以中长跑的训练为例，它在锻炼人的心肺功能、心血管系统和意志品质方面至关重要，尤其是在提高耐力素质方面，效果显著。值得注意的是，这种耐力素质是足球运动不可或缺的一部分，所以教师可以通过将足球与中长跑相结合的教学方式，来激发学生对运动的兴趣，从而实现教学效果的最大化。

体育是一种用于塑造人形体的艺术，它不仅能够在锻炼的过程当中进一步调整大学生的形体结构，还能有效丰富大学生内在的情感世界，增强他们的自信，同时也能净化大学生的内心世界，有助于实现大学生的人格完善，并提升他们的审美品位和审美能力。具有多种才艺的人通常情感深沉且丰富，而那些无知且肤浅的人，他们的情感是浅薄和缺乏深度的。体育活动不仅能丰富人们的情感体验，还能激发他们对运动的热情。在进行体育教学的过程中，教师只需遵循娱乐和趣味性的教学原则，就能有效地提升学生对运动的兴趣和热情。以篮球比赛为例，通常是按班级来组织的，每个学生都在努力为自己的班级加油打气，期望他们的班级能取得出色的成绩。这表明体育教育在培养大学生的团结、进取和集体主义精神方面，起到了潜移默化的情感教育作用。体育活动不仅能通过其独特的氛围感染学生，还能增强他们的审美鉴赏力和审美情趣。

在体育教学过程中，我们可以通过欣赏艺术体操、自由体操和花样游泳等项目，来强化学生对美的认识，进而积极引导其深刻理解美的真谛，通过向学生介绍世锦赛、残运会和奥运会赛事中运动员的事迹，不仅可以培养学生无畏、勇敢和坚韧的精神品质，还能唤起他们对祖国的深厚情感，以及为国家争取荣誉和利益的坚定使命感和爱国情怀。

2. 体育教育有利于大学生身心健康水平的提高

体育主要是通过身体锻炼来开展的，因此大学生可以通过尝试和体验运动项目的技术要求和动作规则，来增强身体和大脑对运动项目的参与意识，他们可以通过技术动作的多次刺激来形成动作定位，并通过掌握动作技术要求来实现身心健康的锻炼目标，从而增强自信，提升他们的健康水平。在学生忙碌的学习生活中，体育锻炼不仅有助于提升其身体素质，还能增加学生大脑神经的氧气供应，从而让学生在课堂上展现出旺盛的精力和敏捷的思维，进一步增强他们的学习效果。若是学生在学习过程中遭遇挑战和困境，教师可以引导他们了解奥运冠军的成长轨迹和挑战极限的决心，从而激励学生获得克服困难的勇气和决断力，帮助他们正确面对学习和生活中的失败和困境，从而促进他们的健康成长。

在学校运动会期间，通过学生之间的紧密合作，可以培养他们在面对挑战时共同渡过难关的能力，为他们的身心健康成长奠定坚实的基础。当学生参与体育活动时，他们通过手眼和手耳之间的协同配合，也就是感知与动作之间的协调，确保感知觉都得到均衡发展，并在此基础上实现更高层次的心理活动，这在有效促进他们的智慧发挥方面作用极大。通过体育锻炼，细胞质量得以提高，并有助于实现其内分泌系统正常运行。运动刺激能够激活右脑细胞，促使神经纤维变粗，使思维传播更为广泛和流畅，从而使人体的各个系统处于活跃和良好的代谢状态，使大脑始终保持一个灵敏的工作状态。从心理学的角度看，教学过程中可以利用师生之间的密切互动，例如采用师生互换的方式，来激发学生的学习热情，激发他们的学习主动性和积极性，加强他们的创新意识，使得学生能够充分体会到民主和平等的师生关系，进而有效强化师生之间的交流，加深师生之间的友谊。

在确保教师和学生的安全的基础上，教师可以根据所使用器材的特性，制订练习策略。新的课程标准强调体育教育应以关注健康为导向，要求教育者关心每个学生的身体和心理健康，确保在体育教学过程中，学生的心理素质得到充分培养，使国家的未来可以因为新一代而更加繁荣和强大。

（四）体育教学中培养学生健康心理素质的方法

大学生的心理素质和整体健康状况对他们的身体健康、学习态度和学业表现有直接的影响，并可能进一步决定他们未来的性格成长和发展。在进行体育教学时，我们应以实现全面素质教育为核心目标，以现代教育观念和学生发展的理论为导向，为学生创造一个有助于其身心健康成长的教学环境。在体育教学过程中，我们应该将知识、技能、技术和道德品质的培养整合在一起，以提高他们的心理素质和身体健康水平。为此，我们应该从以下两个方面来加强对学生心理健康素质的培养。

1. 教学方法要多样化

学生会对过于重复的练习感到厌倦，他们需要新的知识以不断地丰富自己的知识储备。所以，为了激发学生的学习兴趣并延缓疲劳的产生，教学手段和练习方法需要实现多样化。在体育的教学过程中，每个学生都有他们所喜爱或不喜欢的部分，同时也有他们的优势和劣势。教师有责任协助学生正确认识自己的优势，确认自己的长处，同时也要深入了解自己的不足，明晰自己的努力方向，并积极提升自己强项的成绩，同时也要努力提高自己在弱项上的成绩。在进行练习的时候，教师应该鼓励学生去挑战自己，帮助他们战胜恐惧，从而提高他们的心理承受力和抗挫折能力。

2. 在体育教学中加强对学生心理素质的培养

（1）帮助建立积极的自我意识

对于那些有着较强自卑情绪的学生来说，最为重要的是积极引导他们去认识、确认和欣赏自己，并为他们提供展示自己的机会。作为教师，我们应该采用多样化的方法使他们全方位地评估、认识自己，并逐渐培养他们的自我认同意识。以男子 1000 米的教学测试为例，教师应当积极鼓励体重超标的学生，只要他们跑完 1000 米，不论他们的表现如何，都判定为及格，这不仅是对他们的肯定，也是在为他们提供展现自己的机会，对于教师来说，也能够通过这种方式帮助这部分学生摆脱自卑情绪。作为体育教师，最重要的任务是对学生施以尊重从而培养学生的自尊，而不是利用过于激烈的言辞或惩罚来唤醒学生的自尊。

（2）培养学生的合群性，促进学生的社会适应力

体育教学作为一个班级共同参与的集体活动，能够在体育教学过程中有效地培养学生的团队精神。在体育教学中，首要任务是构建一个能够满足学生多样化心理需求的优质集体环境。教师应在教学过程中引导学生，给予后进生更多的鼓励和帮助，而不是轻视或冷落他们，还应积极培养自身的宽容和忍让精神。同理，当同学之间互相提问难题的时候，回答方不能采取冷漠的态度，应该充满热情地回答问题，并可以深入探讨相关问题，这样就可以使双方感觉良好。

（3）开展抗挫折教育，增强学生承受挫折的能力

在体育教学过程中，教师可以根据学生的个性特点，适时地使用一些激励性的言辞，以此来逐渐提升学生的心理抗压能力。课程中可以设置一些小的障碍，

并为学生提供可以自行克服困难的机会，要求其在这一过程中严格要求自己。同理，在教育过程中，教师对学习成绩较差学生的鞭策手段是至关重要的，甚至可能会造成两种截然相反的结果，正向的结果就是促使学生进步，负面的结果就是打击学生自信，使其一蹶不振。

此外，教师还需要加大思想教育的力度、合理地规划教学内容，做好充分的准备工作、强化保护和自我保护措施，并对运动场地设备进行严格的安全检查等。在体育教学过程中，教师应努力提高学生的心理承受能力，引导他们在活动中舒缓自身压力，调整心态，以获得最佳的学习效果。

（4）培养学生的自信心

不论是主观还是客观的因素，都可能导致学生在体育技能水平上存在明显的差异。基础薄弱的学生害怕做出的身体练习别扭好笑，因此在学习时，他们不敢放开手脚，做大幅度的动作。面对这样的情况，教师不应该采取降低动作难度、加强个别辅导的方法，而是应逐步引导学生，创造一个和谐且轻松的教学环境，教师和学生之间应该相互尊重，而学生也应该合作互助，这样可以帮助学生在学习过程中获得一个积极的心态。教师还可以采用激励策略，对学生所取得的各种进步给予充分的肯定与合理的评价，从而帮助学生提升自信心。

（5）培养学生的竞争意识

体育活动是人以自身为对象进行改造的实践活动。这种对人的改造活动不仅仅局限于生物学意义的生命运动，还包括人生态度和思想意识的内容。体育的竞赛性使学生有机会在课堂上体验胜利与失败的情感，激发学生树立无高不可攀、无坚不可摧的进取精神。在体育教学中，要组织好多种形式和类型的竞赛活动，根据学生的实际情况采用"让时赛""让距赛""让分赛""等级赛"等教学方式。在赛前做好动员鼓动工作，使学生树立敢拼的决心和信心；赛后进行认真讲评，使胜者不骄傲，败者不气馁。在对体育课的成绩进行考核时也要建立激励机制，使成绩好的学生能百尺竿头更进一步，使成绩差的学生能产生一种危机感，从而努力学习，争取进步。因此，在体育教学中，适时合理地运用各种竞赛法对培养学生的竞争意识具有重要作用。

（6）培养学生顽强的意志力

体育活动在开发和扩展人类的生物和精神潜能方面，由于其内在的完整性与和谐性，显得尤为关键。在开展体育教学的过程中，教师需要有策略、有计划地实施相关手段，以培育学生的坚韧意志。教师的教学目标是帮助学生明晰自身的学习意图，为自己设定明确的目标，培养其对成功的坚定追求，并强化他们的意志品质。为了培养学生在恶劣环境中的勇气、进取心和坚定的意志，教师需要利用各种气候、地理条件为学生提供有挑战性的锻炼，并增加练习的次数和强度。

（7）培养学生的团体意识和协作精神

大部分的体育教学活动都是以团体的方式进行，并且需要人与人之间建立横向的联系。民主与合作之间的紧密联系，能够较好地培育学生的团队合作精神和集体认同感。如果能够将课堂教学内容加以结合来进行教育，那么就可以获得事半功倍的教学效果。举例来说，在进行长跑训练的过程中，学生被划分为多个小组开展比赛，并按照各自到达终点的顺序给出最终比分，然后根据同一组成员的得分总和来计算整个团队的成绩。如此一来，每个学生都会高度重视自己的成绩表现，并努力为团队赢得荣誉。这种做法促使学生更加注重团结合作，并与团队中的成员相互给予支持和激励，这不仅培育了他们的竞争和合作意识，还加强了他们的集体认识。在体育教学中，大部分内容都具有群众性、协同性和交往性。只要教师精心策划并认真执行这些内容，就有可能提升学生的心理健康水平，并进一步促进他们的身心健康成长。

第三节　体育教师的教学素养和执教能力

一、体育教师的教学素养

（一）体育教学策略

教学策略指的是为了实现教学目的，所采纳的与学生的认知相匹配的教学手段、步骤、行为方式的综合体现。教学策略虽然包括了各种教学方法，但这并不等于教学方法。与教学方法相比，它具有更广泛的外延和更高的层次。

1.体育教师教学策略的特征

体育教学策略涵盖了体育教学的过程和内容的规划，以及教学方法、步骤和组织形态的选择。体育教学策略的复杂性和多变性是由这些因素的多种组合方式所决定的。深入了解体育教学策略的独特表现，有助于我们更精准地掌握这些策略，从而更有效地进行相应的体育教学活动。

（1）目标指向性

体育教学策略的诞生旨在解决实际教学中遇到的问题，确保充分了解与掌握关键的教学内容，最终达成既定的教学目标，并实现理想的教学效果。体育教学策略的独特之处在于：首先，特定的体育教学策略总是与特定的教学目标紧密相关，并且始终努力达到教学目标所设定的标准；其次，采用体育教学策略的活动，不论是内容、形式还是流程上，都是为了实现体育教学的既定目标，也就是说，它们是为了实现特定的教学目标而存在的。一旦实现了特定的教学目标与相应的教学任务，这种策略与对应的手段就会被放弃，之后会建立另一种教学目标，并开始实施对应的教学策略。

（2）可操作性

在规划教学策略的时候，需要严格依据教学目标的各项具体要求，其中技术和实施程序需要进行合理的转化，以便指导教师和学生的具体行动，也就是说，制订的教学策略需要保证可以实现对应的体育教学目标，以便教师与学生能够基于此，并通过具体的行动来实现最终的教学目标，为此体育教学策略需要具备较强的可操作性。

（3）整体综合性

体育教学策略是在教学之前，按照一定的目标和要求，预先设计出来的教学方案程序。在设计过程中，要把相关的方法、技术及操作的具体要求，按照一定的形式组合起来。例如，教学活动的元认知过程、教学活动的调控和教学方法的执行过程等，在此基础上对体育教学进程和师生互动方式做出全面的安排，并能在实施过程中及时反馈、调整，在组合这些相关因素时，必须对体育教学的过程及其各要素进行综合考虑。这一特征强调的是体育教学策略不是某一单方面的教学谋划或措施，而是某一范畴内具体教学方式、措施等的优化组合。

（4）教学调控性

由于教学活动元认知过程的参与，体育教学策略具有调控的特征。元认知实质上是人对自身认知活动的自觉意识和自觉调节。体育教学活动的元认知能够调节教学进程及其师生互动的方式，加速体育教学进程。当体育教师具有元认知能力，能自觉认识和调节教学进程时，体育教师对教学策略的运用就达到了较高的水平，教师的教学能力就相应得到了提高。教学调控性表现了教师对体育教学过程的及时把握和调整，表现了体育教学活动的动态性。

（5）思维灵活性

体育教学策略与需要解决的教学难题之间的联系并不是完全对应的。相同的策略能够应对各种不同的挑战，而不同的策略也能应对相似的问题，这表明体育教学策略是具有一定的灵活性的，而这一特性也体现在其应用可以根据问题的背景、目的、内容及目标受众的不同而有所调整。在体育教学过程中，各种类型的教学策略会为某一个相同的学习群体带来不同的教学效果，即使是对各种学习群体采用相同的教学策略，也会产生不同的教学效果。由此，就需要体育教师在教学过程中应用教学策略时，应具备足够的思维灵活性。

2. 体育教学策略的类型

（1）课堂教学策略

通常情况下，课堂教学策略是由教师主导的。例如，在体育课教学当中，体育教师需要自主选择教学内容、目标、方法和教材等，并自行确定课堂中各种类型的活动的时间分配，制订合理的评价标准，从而准确评价每个学生的最终表现。

（2）以教师控制任务为中心的教学策略

从总体上看，这种策略相对于传统的课堂教学策略更为开放。虽然在实施这一教学策略时，体育教师仍然是教学的主导者，但相比之下，它更注重的是学生的参与，而不是教师的具体行为。这一策略需要学生就如何设定技术目标和确定考核准则发表个人观点，也就是说它要求学生对自己的学习活动进行自我管理，所以这一策略并不适用于传统的权威型教学中。然而，这一策略的执行仍然需要体育教师在明确了其终极目标之后，进行非常精细的前期准备和复杂的规划设计，以便在实际教学过程中验证其成效。

这种策略最典型的教学方法是程序教学法。教学的程序是根据学生所要达到的教学目标而设计的，一般包括描述一系列与目标相关的活动、成功的标准及必要的入门技能。学生的技术学习按封闭型的小步子进行，完成了前一步的学习便可以进入下一步。每一步中都包括知识、测试、纠正错误三个环节，测验需要达到 80%～90% 的正确率。程序设计图有两种：直线式和分支式。前者主张将教材分成小步骤，以诱发正确反应并及时予以强化，它强调全体学生从同一起点开始并按照同样的步骤进行练习。后者则有利于帮助一部分学生跳过熟悉的知识，节省时间，也有利于某些后进学生获取相应的准备知识，按部就班地前行。

该策略采用的教学媒介有三个部分：第一，教师准备的材料，如对学生技术初始情况的"诊断"和步骤的设计等，另外注意根据不同的材料而采取不同的处理方式以帮助学生获取知识。第二，学生自己准备的材料，包括小组讨论结果、学习技术中的实例研究等。第三，其他媒介，如教材、模式流程图、图像、幻灯片等。此策略的理想教学情境便是建立一个教学资源中心，以满足所有学生的认知与情感需要。这种策略的成功有赖于体育教师对学习环境的组织与构建，有赖于体育教师从对全体学生唯一的学习途径的高度控制，转向采用多种方法灵活结合的方式，以满足每个学生的不同需要。

（3）以项目为中心的个别或合作教学策略

这种策略所涉及的是一个更易变化的情境，该情境要求体育教师掌握合作、管理的技能，建立民主的班级气氛，尊重学生的参与。其体育教学活动方式是教师与学生为达到预定的目标，共同选取和分析与教学方法、任务、程序及与程序有关的各教学项目。在体育教学活动中，体育课由教师与学生共同合作完成。先由学生意识到需要掌握某种运动技能，产生学习这种能力的愿望，再由教师告知他们掌握这种技术的基本原理，让学生自己设计练习步骤。如果学生学习上有偏颇，教师就加以启发引导。

此策略强调要运用发现教学法。在发现教学法中，概念与原则都是在体育教学活动中推衍出来的。在传统的教学中，概念、原则通常是由教师作为任务提出来让学生完成的，学生因处于非常被动的状态而不愿学习或拒绝学习。在采用发现教学法时，教学任务是以项目形式呈现的，学生通常由于没有掌握必要的运动技能而处于疑难境地。正是在这样一种真实的问题性的教学情境中，学习运动技能的需要成为内在动机，从而推动学生去掌握必需的知识与运动技能。

这一策略的重要性体现在，它不仅让学生在包含实际问题的体育活动中培养了自律的能力，还教会了他们如何进行研究，以及通过何种方式获取有用的信息。

需要强调的是，在合理应用这一策略的过程中，体育活动的时长和项目的难度表现都应与学生当前的能力水平相匹配。

（二）体育教师的教学艺术

体育教学艺术指的是教师在进行体育课堂教学活动的过程中，能够在遵守教学基本原则的前提下，娴熟地掌握并创造性地灵活运用各种教学方法和方式的艺术。

1. 导入的艺术

不论是复习课还是新授课，是理论课还是实践课，对学生来说都应是尚未经历的新的学习情境，所以体育教学过程开始都面临一个如何导入新的教学情境的问题。"情境教学法"就是通过创造情节、情境，使学生在生动形象、情景交融的教学氛围中进行学习的教学技法。即要创设一种生动感人的教学情境，使学生为之所动、为之所感，产生共鸣，激励他们进入新的教学情境。其基本要点是"情"和"境"，通过"境"来表现和感染"情"，通过"情"来深化"境"。使用情境法最本质的要求是根据"情"来创造"境"。常言道："良好的开端是成功的一半。"体育教学过程中的情境导入环节，就像一台戏的序幕，如能设计和安排得富有艺术性，就能带动整个教学过程，收到先声夺人、一举成功的奇效。如何才能有艺术地导入新的教学情境呢？应该说，不存在统一的万能模式，需要体育教师根据自己的教学风格和教学内容灵活地创造。在这方面，人们已经创造出了很多行之有效的导入艺术的表现方法。

（1）新旧知识联系法

该方法就是在导入新课时，可借助与新教学情境密切相关的旧知识，与之建立联系，从旧知识中获得对新知识的预测、想象，进而产生学习的兴趣和动力。一般来说，一个新的教学情境，能使学生感到新鲜、未知，进而产生一种好奇心，但这种好奇心要转化为学习兴趣，则必须借助于新旧知识的联系。教学心理学的研究表明，面对好奇的信息，学习者一般根据已有的知识进行选择，那些与旧知识建立起联系的信息才会引起学习的兴趣。

（2）悬念法

该方法是指在新的教学开始，教师根据教学内容性质，提出问题、矛盾，造成悬念，引起学生的好奇心和求知欲，进而使学生积极投入新的教学之中。直线排列形式的体育教材适合于使用悬念法导入新课。不过使用悬念法必须掌握三点：一是悬念要有针对性，符合学生的心理特点和学习水平，悬念难度要恰当，应为学生未知但经过思考后便可得知；二是悬念必须与教学内容或情境相符、相关，否则教学效果不会理想；三是悬念要突出一个"悬"字，悬念不同于一般问题，它更具有艺术魅力。

（3）音乐渲染法

适当采用音乐，会给学生以美感，使学生心驰神往，在调节课堂气氛与实现教学目标中可以起到良好作用。在准备部分可选用雄壮激昂的进行曲，使学生的大脑兴奋性增强、生理代谢旺盛，情感迅速交融于课堂中来。在课中选择轻松明快的抒情曲作为练习的"画外音"，能使学生保持亢奋状态，注意力集中，减少失误。在结束部分，选用悠扬舒缓的音乐，可对神经系统起到特殊调节作用，使大脑兴奋和抑制平衡，有利于消除疲劳。

（4）模拟象征法

教师通过精心设计，以模拟方式营造出一种氛围，使学生置身于一种新的情境中去，如以班级为单位开展的冬季"象征性"长跑活动：距离从"合肥至北京"，时间三个月。教师在放大的路线图上，每天或每周统计一次，标明各班跑的路线和进程，每"跑到一地"，都用小红旗标出，并结合地理知识介绍该区域工农业生产和风景名胜，从而使学生在活动中锻炼身体、增长知识、陶冶情操、激发热情。在发展耐力的教学中，教师可在校园内利用自然物或巧设障碍、封锁线，使学生通过快跑、慢跑、跳越、爬越、攀越各种障碍而进行饶有兴趣的障碍跑。通过模拟或象征创造性体育课的组织，提高体育课的教学效率。尤其是实践课，学生活动范围大，人际交往广，外界环境影响大，组织教学显得更加重要。合理地组织教学有利于建立良好的师生关系，充分调动学生的主动积极性，合理使用场地器材，防止伤害事故，保证课的严密紧凑进行。体育课的组织教学主要包括体育课堂常规，安排学生的队形与调动队伍，布置场地器材，确立教学组织形式及学生骨干培养等。

体育课堂常规是为了保证体育教学的正常进行，师生必须遵守的基本要求。包括课前常规、课后常规，它具有明显的强制性、一贯性和教育性特征。

学生队伍的安排要有利于学生看清示范、听清指导；学生应尽可能背阳光、背风沙、背干扰站立；队伍站立应有利于教师观察指导与调控；有利于学生个人或小组互相观察与帮助；练习队形应符合安全与卫生的基本要求，应有利于提高练习密度。调动学生队伍时应尽量缩短不同练习场地间的距离，以节省时间；应通盘考虑一节课内学生队伍的调动次数，合理安排教学顺序，尽量减少不必要的队伍调动。

场地器材的布置要从实际出发，方便教师指导与学生练习；要符合安全与卫生原则；不同练习场地距离得当，可移动器材应尽量向固定器材靠拢；有利于增加练习密度和设置适宜的生理负荷；有利于练习转换时的队伍调动。体育教学的组织形式是在体育教学过程中，为了实现课的教学目标而确定的教师与学生、学生与学生之间关系的组织结构方式。各种组织形式都有自己的运用条件，可能会受到教学思想、学生和场地器材，特别是教学内容的制约。这表现在不同教材有不同的分组方法，同一教材不同的教学目标需要也会有不同的组织形式；一节课中教材数量较多，相应的分组形式越多；组织得法，效果也越好；场地器材条件越好，分组形式也相对增多，效果也会越佳。体育教学的内容与艺术形式是辩证统一的关系。教学内容决定教学的形式。体育教学的任何内容都需要一定的教学组织形式来加以实现，脱离教学内容的形式是形式主义；而脱离教学形式的教学内容则失去了组织保障，无法实施。因此，研究教学组织形式的艺术性，是一个既具体又实际的问题。

2.课堂集中注意力的艺术

（1）准备部分集中注意力的艺术

第一，报数击掌法。教师发出报数口令后，要求某列学生按排列顺序报数，其余学生击掌并默数，每逢3或3的倍数，停止击掌并齐声报出该数；或者集体报数，每逢5或5的倍数时，停止报数而一齐击掌。

第二，目光运动法。教师可手持一球或其他教具，做上下左右运动，令学生目光注视教具不停运动；或教师用接力棒在空中写字（空书），让学生准确地读出所写的字来。

第三，信号辩答法。教师先把各种体育动作用简单的符号或者做出手势代替，然后教师说出符号或做出手势让学生迅速做出相应的动作；或教师做出动作，让学生立即回答与之相应的符号或手势。

第四，成语接力法。教师先说出一个成语，第一个学生按"顶针续麻"修辞法马上说出第二个成语，依此类推。如5秒钟内接不上，由间断者后面的同学代说，或从间断处重新提出一个成语。

（2）课中集中注意力的艺术

第一，以静制动法。教学过程中，若有的学生说话、做小动作，可让学生同时闭目，默念某动作要领，如支撑跳跃为"踏板、摆腿、推手、抬头、落地"，连续3～5遍，可使学生安静下来。

第二，目光暗示法。当教师发现个别学生精力分散注意力不集中，可靠近他并用严肃的目光做暗示："我看见你了"，这样学生就会马上集中精力上课。

第三，提问提醒法。教师在教学过程中发现个别学生心不在焉，不听讲解，不看示范，这时可以有意向他提问动作要领，提醒他应该注意力集中。

第四，信号刺激法。当课中学生受到外界刺激干扰，不注意教师讲解示范时，教师可采用提高声调、击掌、口令、鸣哨等方法集中学生注意力。

第五，变换条件法。有当环境条件复杂、干扰大到无法完成教学任务时，教师应当机立断变换教学条件或更换场地，采取应急措施，变被动为主动。

学生注意力集中是上好体育课的重要条件。因此，教师要根据学生的年龄特点和心理特征，结合教学的具体内容，选择兴趣浓、针对性强、适合学生心理需要的练习，使学生的注意力指向课堂。

3.语言运用的艺术

（1）开讲语言的运用

成功的开讲导语，会给后续教学奠定良好的基础。教师在上课时采用什么方式的语言开讲，运用什么样的导语作为开场白，对于调动学生学习积极性，稳定学生情绪，集中学生注意力，使师生之间产生心理共鸣等，具有重要的影响和作用。常用的开场导语方式有以下4种。

第一，表扬式。教师在进行动作技术教学前，对学生进行鼓励、表扬，使学生在学习时处于一种积极的心理状态，如教师对前一节课学生的学习情况进行评价表扬，根据平时了解到的这个班学生课外体育锻炼、竞赛活动中的典型人和事及考评达标情况，给以简短的表扬和鼓励。

第二，检查式。教师在课前检查学生上课前的准备情况，如服装、课后作业完成情况等，也可以让学生自查，对检查结果及时提出中肯的表扬或批评。

第三，引导式。教师告知学生这堂课的学习内容、教学目的、任务、教学方法等，把学生注意力引导到学习活动中来。

第四，命令式。教师用命令的口气向学生提出严格的要求，以引起学生对这堂体育课应有的重视。

（2）教育语言的运用

教师在对学生进行体育精神培养教育的过程中，常常通过艺术性语言，把体育竞赛激烈壮观的场面、运动员顽强拼搏的精神，通过语言描绘呈现给学生，使学生身临其境。

教师还应善于挖掘体育教材中的情趣因素，激发学生克服困难的斗志。体育教材本身就含有情、理等要素，关键在于教师在课堂上用语言把它们挖掘出来，利用语言艺术进行渲染创造，使学生饶有趣味、学有所成。

（3）讲解语言的运用

第一，形象讲解。教师通过生动形象的语言，讲解动作的概念、要领，使学生在头脑中对感知过的旧事物表象重新组合，出现独特的鲜明形象，如为了加深学生对支撑跳跃"撑箱"动作要领的理解，教师说"撑箱的一刹那就像手撑在一块烧红的铁板上"。学生脑海里马上就会把"烧红的铁板"与"支撑过箱"的新旧表象自然组合起来，出现快速有力的支撑过箱的动作形象。

第二，联想讲解。这是为帮助理解所讲事物而联系有关事物的讲解方式，如用"站如松，行如风"来要求学生形成良好的静态和动态的神韵，用"像拉满弦和弓一样"来讲解投手榴弹的持弹动作和出手时的速度要求，把动作要求与具体的事物形象联系起来。在启发学生思考时常用因果联想，如教学中教师问学生："怎样才能跳得远？"学生答："靠水平速度和垂直高度的结合。"教师又问："结合的关键是什么？"学生立刻联想到"踏跳"。联想讲解有助于巩固旧知识、理解新知识，使知识系统化。

第三，比较讲解。比较就是在头脑中把同类对象加以对比，确立它们之间的共同点、相异点的方法，如在体育教学中讲解跑的后蹬动作时，既可请两人做同时比较然后讲评，也可对一个同学练习过程前后阶段加以比较并从中说明。比较是理解和思维的基础。

（4）指导性语言的运用

学生的能力、兴趣、性格客观上存在着差异，这就要求教师在指导学生练习时要区别对待，要有针对性地运用不同的语言，或一针见血、直截了当，或循循善诱、引而不发。透彻了解学生是其前提，不同年龄段的学生生理、心理特点不同，同一年龄段的学生性格个性也不同。教师必须根据学生实际情况，决定指导性语言的表达方式。风趣、幽默的语言用于正面教育，胜过空洞说教；用于批评错误胜于简单粗暴的训斥；用于指导动作有助于加快对技术的理解、记忆和掌握，如"回头望月""二郎担山""天女散花"等词语，都可以用作学习和纠正某一部分动作时的夸张性语言；对多血型学生，可适当采用限制性和严格要求的语言；对黏液质的学生则应多采用激励性的语言；课中或课尾的讲评语言既要精练概括、简明扼要，又要客观公正、实事求是，要褒贬分明，语气中肯。

（5）单字讲解的运用

单字讲解技巧是体育教学中常用的一种形式，其特点是简洁、精练、生动、准确，能用最短的时间，达到最佳的讲解效果。

第一，单字要合理筛选。单字讲解主要是把每个技术动作的要领压缩为一个单字，点出动作的关键所在，并运用自如、恰到好处地体现出其概括性、艺术性。这就要求首先对单字进行合理筛选，使其用意确切、恰如其分，如鱼跃前滚翻的鱼跃动作，要领是由半蹲开始，两臂前摆，两脚蹬地向前上方跃起，可见"蹬"和"跃"是要领中的关键。抓住"蹬"与"跃"就抓住了技术的要领。

第二，单字要组成序列。对于复杂的动作要素很难用一个单字概括来准确表达，这就必须先把动作按先后顺序分解，再根据动作要素特点组字，然后把单字顺序排列串联起来，如单手肩上投篮动作，可讲解为蹬（地）、举（球）、仰（臂）、压（腕）、拨（球）；推铅球最后用力动作，可讲解为蹬（地）、转（髋）、挺（胸）、推（球）、拨（指）。这两组五个单字分别把整个投篮动作和推铅球用力动作要素连贯概括起来，使学生看、听、想、练有机结合，就能学得快、记得牢、领会深。

第三，单字讲解要配以动作示范。单字来源于动作要领，要使学生掌握单字，还必须依赖教师逐字进行动作要领示范，真正把"教、学、练"统一起来。做和练是基础，如教师教学头手倒立时，首先从蹲撑开始讲解，边示范边突出撑（手、前额）、提（臀）、举（一腿）、蹬（另一腿）、并（腿）、展（额）、挺（身）。进行俯卧式跳高过杆要领讲解时，要边示范边突出旋、转、收、潜、展。这样边讲边做，学生就能掌握每个字的动作要领。

第四，单字讲解体现精讲多练。学生在练习中感到疑难时，教师采用单字讲解及时加以提示点拨，有利于提高运动密度，体现精讲多练原则，如学生练习双杠的分腿坐前进至远端，当学生跳上成分腿坐后，身体不能前移时，教师在一旁以口令形式提示：推（两手推杠）、挺（身）、握（两手在腿前握杠），无须详加解释。

4.过渡的艺术

课堂上良好的过渡是一门艺术，即上下衔接的艺术。不讲究过渡的艺术，就容易出现各种失误；或者使学生感到突然、生硬，毫无思想与心理准备；或者把过渡复杂化，给人以画蛇添足之嫌。可见，要使整个教学过程富有艺术性，必须研究衔接的艺术。制约衔接艺术的因素有两个，一是教学内容的性质，二是学生的心理状况。教学内容联系不同，学生心理状况不同，衔接方法也不同。具体方法如下。

（1）分析性方法

该方法主要用于前后环节的教学内容，在逻辑上是层次深化关系的衔接。后一环节是对前一环节的进一步深化，表现出某种层次性。运用分析性方法要点为：讲清前一环节教学内容的基本思想和含义，这是进行分析性衔接的前提。向学生揭示该环节的思想和含义将要继续发展的方向，使之做好"接下"的心理准备，再自然地引出下一个教学环节，如讲授"运动与健美"知识，共分五点：健美的实质与意义；健美的时代性与民族性；健康是健美的基础；健康的标准；怎样进行健美锻炼。五点内容之间具有层层深入的关系，适宜于用分析性方法。运用此法能给人以步步登高之感，使整个教学过程富有逻辑性和紧凑感。

（2）演绎性方法

该方法主要用于前后环节的教学内容在逻辑上是推论关系，具有应用关系的衔接。后一环节是前一环节的推论或具体应用，前一环节是后一环节的逻辑前提时，宜用此法。其要点是讲清前一环节所得出的一般性的结论或规律，这是演绎性衔接的前提；向学生揭示该环节的结论或规律将要推论或应用的方面，使学生形成"接下"的心理定式；再顺势引出下一教学环节。这一方法较多地在体育基础理论教学中采用。

（3）启发性类比方法

该方法适用于前后环节的教学内容虽然性质不同，但具有类比关系的衔接。运用启发性类比方法，主要在于使学生顺着联想的思路，由此及彼，从一个教学环节进入另一个教学环节。其基本要点是讲清前一环节中的特征，以便使学生能激发类比联想，揭示出可以类比的方面，引入下一个教学环节。运用启发性类比方法，可用提问、分析、对比等方式，需要抓住技术动作衔接间的矛盾，难以转化的矛盾，学生预测期待与能力强弱的矛盾，恰到好处地略加点拨，会给学生以"仙人指路"的启示，收茅塞顿开之效果。

5. 结课的艺术

恰到好处的结课方式同样也是实践经验的总结、教师智慧的结晶。

（1）总结回味法

总结回味法即用准确简练的语言，把整个课的主要内容加以总结概括归纳，给学生以系统、完整的印象，起到帮助学生整理思维、加深理解、巩固知识的作用。总结要与开头呼应，开头设立的悬念、问题、困难、假设等，是悬念则释消，是问题则解决，是困难则克服，是假设则证实或证伪，这样的表现手法具有逻辑的力量，可使学生豁然开朗，还能产生一种"思路遥迢"，惊回始点的喜悦。

（2）假想发散法

假想发散法即在一堂课临结束时，特意增添浓郁的色彩、艺术的含蓄，使学生感受到"言已尽而意无穷"，课后引起回味，展开丰富的想象，借以拓宽知识的覆盖面和适用面，并加深对已学知识的掌握，如教学中做过"控背""踩影子"游戏后，教师在总结中问学生："还有什么类似的双人趣味练习方法？"这样有利于培养学生的发散性创造思维。

（3）承上启下法

承上启下法即在课结束时，使现有教学内容与前后教学内容相联系照应，并以一定的方式表达这种联系，使学生感受到现有知识是对原有知识的加深，又对后面的学习有用，激发出努力巩固已学知识和渴望学习新知识的动机，如针对学生快速跑时后蹬不充分（大小腿折叠不明显）的现象，可用物理学中转动半径大小对摆动速度的影响方法提问，分析道理，使学生既明白影响跑速的原因，又巩固了文化课知识并指导实践。要使学生真正做到"今日之运动承乎昨日之运动，又引起明日之运动"。

结课应注意以下四点。

第一，结课要紧扣讲授内容，使其成为课的有机组成部分。游离于上课内容之外的艺术技巧将失去价值。

第二，结课要干净利落，结在横断面上。即结在一个问题的完成时，不要结在没讲完的"半坡"上，如结束时似断未断，势必显得支离破碎，影响效果。

第三，结课要严格控制时间，按时下课。教师不要拖堂，因为它侵占了学生的休息时间，且下课铃响，操场喧闹，学生分心，再讲效果也不会好，有时练习还易发生伤害事故。因此，无论如何，教师要严格执行教学常规，按时下课。

第四，应当尽量避免结课不当，如拖拉、仓促、平淡、矛盾等。拖拉如画蛇添足，有不如无。仓促显得教学时间计划不周，慌忙草率，学生身心放松不充分，效果不好。平淡是艺术的大忌，难以启发学生思考，更不能引起学生回味。若课前预习内容与课上讲的内容出现矛盾冲突，会使学生感到困惑不解。一般来说，教学的结尾是使学生开朗、明白的时候，即使是留有余思、余味，也不能使学生感到教学前后矛盾，莫衷一是。在结尾处出现教学矛盾，不仅是结尾的失败，更是整个教学过程的失败。

二、体育教师的执教能力

（一）体育教师的执教能力的内容

在体育课堂中，体育教师肩负着多重责任，并不是简单的知识传授，他们的工作旨在激发学生对体育的兴趣，培养学生的各项体育技能，并引导他们养成健康的生活方式。因此，体育教师的执教能力被视为实现教学最优化和提高教学质量的关键前提。体育教师的教学能力一般包括组织教材能力、选用教法能力、教学组织能力、语言表达能力、动作示范能力、教学保护与帮助能力、教学评价能力、评析教学效果能力、电化教学能力等。

1.组织教材能力

组织教材能力是教师在教学过程中根据教学大纲和学生的特点，制订教学计划并决定难点和讲解示范的能力，这项能力要求教师全面了解教材的内容。教师应该仔细研读教材，了解每个章节和单元的主题和目标，掌握教材所涵盖的知识和技能，并需要根据教学大纲和学生的特点，制订合理的教学计划。根据教学大纲的要求，确定每个单元或章节的教学目标，并合理安排教学时间。教师还应该考虑学生的学习进度和能力水平，合理安排教学内容的难易程度，确保教学进度的合理性和学生的学习效果。在教学过程中，教师应该能够准确判断教材中的难点和重点，把握学生容易出现困惑的地方，并针对这些难点进行重点讲解和示范。通过有针对性的讲解和示范，教师可以帮助学生理解和掌握教材的关键内容，提高学生的学习效果。

2. 选用教法能力

教学方法的选择和运用对于提高教学效果至关重要。首先，体育教师应该全面了解各种教学方法，他们应该熟悉传统的教学方法，如讲授法、示范法、练习法等，同时也要了解现代的教学方法，如探究式教学、合作学习、问题解决等。通过了解不同的教学方法，教师可以拥有更多的选择，以适应不同的教学需求和学生特点。其次，体育教师在选择教学方法时需要考虑多个因素。教学原则、教学目标和教材特点是选择教学方法的重要依据。教师应该根据不同的教学目标和教材内容，选择适合的教学方法，以达到预期的教学效果。此外，教师还应该考虑学生的年龄、兴趣、能力水平等因素，以及教师自身的教学风格和经验，合理选择教学方法。同时，教师需要注意教与学的配合，使学生能够主动参与学习。体育教学强调学生的实践和参与，教师应该灵活运用教学方法，激发学生的学习兴趣和积极性。例如，教师可以采用合作学习的方法，让学生在小组中互相合作，共同完成任务；还可以运用探究式教学的方法，让学生通过自主探究和发现，深入理解体育知识和技能。

3. 教学组织能力

体育教师的组织管理能力对于提高课堂教学效果至关重要。教师需要严格执行课堂常规，课堂常规是保证教学秩序和学生纪律的基础，教师应该明确规定课堂纪律，并在课堂上严格执行。教师可以制订课堂规则，如准时到课、穿着合适的运动服装、遵守安全规定等，确保学生在课堂上能够遵守纪律，积极参与学习。体育课程通常时间较短，教师需要合理安排每个课时的内容和时间，确保教学进度的合理性和学习效果的最大化。教师可以根据教学目标和教材内容，确定每个课时的主题和重点，并合理安排时间，使学生能够充分参与学习，掌握所需的知识和技能。教师还需要运用合理的教学方法，教学方法是实现教学目标的手段，教师应该根据教学内容和学生特点，选择适合的教学方法。在教学过程中，教师应该清晰、简洁地讲解知识和技能要点，使学生易于理解。同时，教师还应该示范正确的动作和技能，让学生能够直观地观察和模仿。通过精练的讲解和准确的示范，教师可以帮助学生更好地理解和掌握所学内容。

4. 语言表达能力

体育教师的语言表达能力对于课堂教学效果至关重要。教师应讲解流畅，流畅的语言表达能够使学生更好地理解教师的讲解内容，避免因语言不流畅而产生的理解障碍。教师应注意掌握适当的语速和节奏，避免讲解过快或过慢，保持与学生的良好沟通。同时，教师的发音要准确，吐字清晰，以确保学生能够准确听到和理解所传达的信息。此外，教师的声音抑扬顿挫能够增加语言的表现力，使讲解更具有感染力和吸引力。语言表达不仅限于口头表达，教师还可以通过面部表情、身体姿势和手势等非语言方式来增强语言的表现力。例如，教师可以运用适当的面部表情来表达喜怒哀乐，通过身体姿势和手势来强调重点和示范动作。这样的语言表达方式能够更加生动地传达信息，激发学生的兴趣和注意力。教师的语言完美程度直接影响教学效果，形象性、生动性、准确性和幽默性的语言能够吸引学生的注意力，增强他们的学习兴趣和参与度。形象性的语言可以通过形象生动的描述和比喻来帮助学生更好地理解抽象的概念和知识。准确性的语言要求教师使用恰当的词汇和表达方式，避免模糊和歧义。幽默性的语言可以增强课堂的活跃气氛，使学生更加愉快地参与学习。

5. 动作示范能力

体育教师的动作示范能力对于学生学习动作技能很有帮助。教师应根据不同阶段的教学需要选择适当的示范方式。在教学初期，学生对于动作技能可能还不熟悉，教师可以进行完整示范，展示正确的动作执行过程，让学生直观地了解动作的要领和流程。随着学生的学习进展，教师可以采用分解示范的方式，将动作分解成不同的步骤，逐步演示每个步骤的正确执行方法，帮助学生更好地理解和掌握。在进行示范之前，教师应向学生详细介绍动作的执行过程和关键要点。通过清晰的讲解，学生可以更好地理解动作的目标和要求，为后续的示范提供准确的参考。教师可以使用简洁明了的语言，结合图示或实物等辅助工具，帮助学生形成正确的动作认知。教师应根据课堂实际情况，选择合适的时机进行示范，确保学生能够充分集中注意力进行观察和学习。同时，教师还应考虑示范的位置，尽量选择离学生较近的位置，以便学生能够清晰地观察和模仿。此外，教师还应注意自己的示范姿势和动作表现，确保学生能够从正确的角度和视角观察示范，准确理解和模仿。

6. 教学保护与帮助能力

在体育课教学中，保护与帮助是重要的环节，可预防创伤和提高教学质量。在体育课教学中，教师应具备相关的安全知识和技能，能够识别和预防潜在的危险因素。教师应引导学生正确使用体育器材，提醒他们注意安全事项，避免发生意外伤害。同时，教师也应自己保护好自己，注意自身的安全，避免在教学过程中发生意外。在学生学习体育技能的过程中，他们可能会遇到困难和障碍，教师应及时给予学生帮助，通过示范、指导和解释等方式，帮助学生克服困难，掌握正确的技术动作要领。此外，教师还可以通过提供适当的练习方法和训练计划，帮助学生提高技能水平，取得进步。

通过教师的保护和帮助，学生能够克服恐惧心理，树立自信心，避免伤害事故的发生，更好地完成课堂任务。教师的保护与帮助不仅有助于维护学生的身体安全，还能促进学生的学习积极性和参与度。同时，对于心理素质差的学生，教师可以用信任和鼓励的方式帮助他们克服恐惧心理，树立学习信心，提高他们的学习效果和成就感。

7. 教学评价能力

教学评价能力对于教师来说十分重要，它包括课中评价和课后总结两个方面。课中评价是指教师在课堂教学过程中对学生进行实时的评价和反馈。通过课中评价，教师可以了解学生的学习情况，包括他们对知识的理解程度、技能掌握的熟练程度及学习态度和参与度等方面。教师可以通过提问、小组讨论、课堂练习等形式，激发学生的思考和参与，同时及时给予他们反馈和指导。通过有效的课中评价，教师能够根据学生的实际情况调整教学策略，提高学习兴趣和效果。课后总结是指教师在课堂结束后对教学过程进行全面的分析和总结。教师可以回顾整个教学过程，评估学生的学习成果和教学效果，并找出教学中存在的问题和不足之处。教师可以借助教学评价工具和方法，如学生问卷调查、教学观察记录等，收集学生的反馈意见，以便更好地优化教学过程和提高教学质量。

8. 评析教学效果能力

体育教学效果的评析包括教师自身教学效果和学生学习效果的分析和评价。教师需要思考每个活动的目的和作用，以及它们如何有机地组合在一起，以促进整体教学目标的实现。通过评析课堂活动与整体教学过程的关系，教师可以确保教学过程的连贯性和有效性，提高学生的学习效果。教师在制订教学目标时，应考虑到学生的实际情况和学习需求，并确保教学活动与教学目标的一致性。教师需要评析教学活动是否有助于实现教学目标，是否能够满足学生的学习需求，以及是否能够激发学生的学习兴趣和积极性。通过评析教学目标与教学活动的一致性，教师可以提高教学的针对性和有效性，更好地引导学生的学习。此外，教师应根据学生的考核结果评析教学目标的达成情况。教师需要综合考虑学生的学习过程和结果，分析学生在教学过程中的表现和成绩，找出问题的原因和不足之处。教师可以通过评析学生的考核结果，了解教学目标的实际达成情况，并根据评析结果调整教学策略和方法，提出改进措施，以促进学生的进步和提高教学质量。

9. 电化教学能力

随着科技的进步，电化教学手段在体育教学中的应用越来越重要。体育教师需要熟练掌握和运用这些手段，以提高教学质量和满足学生的学习需求。熟练掌握电化教学能力已成为对现代体育教师的基本要求，提高这一能力是一项重要任务。首先，电化教学手段包括电子教材、多媒体课件、教学软件等工具和资源。体育教师可以利用电子教材和多媒体课件来呈现课程内容，使学生更加直观地理解和掌握知识。教学软件可以提供交互式学习环境，帮助学生进行实践操作和模拟训练。现代社会对于教育的要求越来越高，学生对于学习方式和教学手段的需求也在不断变化。体育教师需要紧跟时代的步伐，熟练掌握和运用电化教学，以适应学生的学习需求和提高教学效果。电化教学能力已经成为评价体育教师综合素质的重要指标之一。此外，提高电化教学能力是体育教师的重要任务之一。体育教师可以通过参加相关培训和学习，不断提升自己的电化教学能力；还可以积极探索和应用新的电化教学手段和技术，不断创新教学方法和策略。通过不断学习和实践，体育教师要不断提高自己的电化教学能力，提升教学质量，满足学生的学习需求。

（二）体育教师的执教能力的培养

培养和提高体育教师的执教能力是关键，需要通过进修、培训和自学等方式不断提升知识和技能水平。体育教师可以通过参加专业培训和学术研讨会，与同行交流、学习先进经验；通过自学和阅读专业书籍、学术期刊，深入研究体育教学的理论和实践。这些学习方式可以帮助教师不断更新和扩充自己的知识，提高教学技能和教学效果，适应教育改革和发展的需求。通过持续的学习和提升，体育教师能够更好地履行职责，为学生提供优质的体育教育。

1. 强烈的事业心和责任感

崇高的理想和强烈的事业心是提高教师执教能力的前提和动力。体育教师应加强专业知识的学习和掌握，理解体育的功能和意义，他们还应增强事业心和责任感，积极投入教育事业中。通过参加专业培训、学术研讨会，自主学习和观摩其他教师的课堂，体育教师可以不断提升自己的教学能力和专业水平，为学生提供更好的体育教育。

2. 加强基本运动能力训练

体育教师的基本运动能力对动作示范和教学效果的好坏起决定作用。体育教师作为学生的榜样和引导者，他们的动作示范对学生的学习和模仿起着重要的作用。如果教师自身的基本运动能力不够扎实，动作示范可能会出现不准确、不规范的情况，这会给学生带来误导，影响他们对动作的正确理解和掌握。因此，体育教师应重视自身的基本技能训练，通过反复练习和不断提高，使自己的动作示范更加规范、准确，为学生提供正确的示范和指导。教师的基本运动能力也会影响他们的教学自信心和教学氛围的建立。当教师自身具备优秀的基本运动能力时，他们能够更好地展示自己的专业素养和教学能力，给学生带来更好的学习体验，激发学生对体育的兴趣和热爱。

3. 加强体育基本理论知识的学习

体育教师应加强基础理论知识的学习。基础理论知识是体育教学的基石，包括体育科学、运动生理学、运动心理学、运动训练学等。教师应通过系统学习和深入研究，掌握相关的基础理论知识，理解体育运动的本质和规律，这些基础理论知识可以为教师提供科学的指导。体育教师应提高专业理论水平，专业理论知识是体育教师的核心竞争力，包括教学方法、教学评价、课程设计等。教师应不断学习和了解教学方法的优化和创新。通过提高专业理论水平，教师可以更好地运用各种教学策略和方法，提高教学效果，满足学生的学习需求。体育教师还应拓宽知识面和提高文化素养，教师应积极学习其他学科的知识，如心理学、教育学、社会学等，以丰富自己的知识储备。同时，教师还应提高自身的文化素养，了解艺术、历史、哲学等方面的知识，通过体育教学将这些知识融入课堂中，为学生提供更全面的教育。

4.加强体育竞赛组织能力的培养

体育竞赛是推动群体活动的重要手段，对体育教学也起着促进作用。体育教师应学习和掌握各项竞赛的规则和裁判法。不同的体育项目有各自的竞赛规则，教师应了解并熟悉这些规则，以便能够准确地组织和指导学生参与竞赛。此外，了解裁判法和裁判标准也是教师必备的知识，可以帮助他们进行公正、准确的裁判工作，确保竞赛的公平性和权威性。体育教师应提高竞赛知识水平和编排能力。竞赛知识包括战术技巧、策略规划等方面内容，教师应通过学习和实践，深入了解各项体育项目的竞赛要求和技术特点，以便能够为学生提供有效的指导和训练。

5.提高执教能力应做好的具体工作

体育教师的教学能力是做好教学工作的基本前提。体育教师需要通过调查、观察了解学生的特点，制订个性化的教学计划。每个学生都有自己的特点和学习需求，教师应通过调查问卷、观察学生的体能水平、兴趣爱好等方面的特点，了解学生的基本情况。基于这些了解，教师可以制订个性化的教学计划，针对学生的特点和需求进行有针对性的教学。体育教师需要研究教材，设计教学方法，引导学生积极参与学习。教材是体育教学的重要依据，教师应深入研究教材内容，了解教材的结构和要点。在教学过程中，教师可以采用多种教学方法，如示范教学、小组合作学习、游戏化教学等，激发学生的学习兴趣和积极性。通过巧妙的教学设计和引导，教师可以帮助学生掌握技能和知识，提高他们的学习效果。教师还需要具备生动准确的语言表达能力，增强教学趣味。语言是教师与学生之间进行沟通和交流的重要工具，教师应注重语言表达的准确性和生动性，用简洁明了的语言向学生解释和说明知识点。同时，教师可以巧妙地运用比喻、故事等手段，使抽象的概念更加具体形象，增强学生的理解和记忆效果。通过生动准确的语言表达，教师可以激发学生的学习兴趣，提高他们的学习积极性。

第四节 体育教师发展的新方向

一、体育教师专业化发展

职业专业化是现代社会的重要特征之一。职业主要是指一个人从事的行业类型，而专业则是一种具有特殊知识和技术的职业。职业专业化是指一个职业经过一段时间后符合某一专业性职业标准并获得专业地位的过程。职业专业化对社会和职业群体都是有益的。在教育领域，专业化被视为改善教师地位和工作条件的重要策略。教师作为教育的重要组成部分，其专业化水平对教育质量和学生发展至关重要。专业化的教师能够更好地理解学生的需求，设计个性化的教学计划，提供优质的教学服务。联合国教科文组织也提出了关于专业化的建议，鼓励各国加强教师的专业发展和培训，提高教师的专业素养和教学能力。职业专业化的发展使得各个职业能够更好地提供高质量的服务，实现双赢的局面。从业者通过专业化的培训和认证提高自己的专业水平，获得更好的职业发展机会和福利待遇。社会也受益于专业化带来的高质量服务，提升了整体的生活质量和社会发展水平。因此，职业专业化对于现代社会的发展和进步具有重要意义。

（一）体育教师专业化的基本内涵

1. 教师专业化的概念

首先需要明确教师职业是一种专业，它具有不可替代的社会功能，其使命是促进人类文明和社会进步。早在20世纪70年代，教育工作者便认识到了自身的专业性和责任，并与其他专业人士一样，建立了专业组织。这些组织有着明确的职能，旨在维护和发展高标准的教师工作环境。通过制订道德、专业、教育和社会服务标准，这些组织确保教师拥有良好的工作条件和发展机会，以提供优质的教育服务。教师职业的专业自主权在教学工作专业组织上表现为对教师资格的审核、鉴定、注册权，课程、教法、教学水平的评价权，以及道德水准的判断权。

　　教师专业化是教师职业的发展变化过程，强调教师群体和个体的专业提升，教师通过专业训练和自主学习，成为教育专业工作者。教师专业化包含着两个方面的意义：从社会学角度看，教师专业化是教师群体专业化发展的结果。随着社会的进步和教育的发展，教师的角色和职责也在不断变化。教师不再仅是知识的传授者，更需要具备专业的教育理论知识、教学技能和教育研究能力。教师专业化要求教师通过专业训练和学习，不断提高自己的专业素养和能力，适应不断变化的教育需求。教师群体的专业化发展涉及教师培训机构、教育政策制定者、教育管理者等多个层面，以提供支持和保障教师专业化发展的环境和资源。教师职业专业化促进个体专业化的进程和水平。教师作为教育工作者，需要具备丰富的教育知识和教学技能，能够有效地组织和实施教学活动；从教育学角度看，个体教师可以通过参加专业培训、研究教育理论、交流教学经验等方式，不断丰富自己的专业知识和技能。教师专业化的进程和水平取决于个体教师的努力和自我发展，同时也受到教育系统和社会环境的支持和影响，教师专业化可以提高教师的教育素养和教学能力，提供更优质的教育服务。教师专业化还可以增强教师的职业认同感和职业满意度，促进他们更加积极地投入教育工作中。此外，教师专业化还可以促进教师之间的专业交流和合作，形成教师专业社群，共同提高教育质量。

　　这两方面的因素是相互作用、相互促进的，并且在教学中具有越来越重要的作用。职业社会化过程并不以进入这个职业作为结束点，也不在早期教师职业的任何一点上结束。

　　现代教师职业要求从业者具有较高的专业知识水平、技能水平和修养。埃利奥特（Elliott）等西方学者认为，教师、医生、律师、神甫职业被并称为"四个伟大的传统专业"[①]。史汀内特（Stinnett）、曾荣光、韦伦斯基（Wilensky）等人认为教师职业的专业化程度与已经确立的专业相比存在一定的差距，是一种"准专业"或"半专业"[②]，因为教师培训时间较短、社会地位较低、团体专有权难以确立、特有的专业知识较少、专业自主权缺乏等。

　　事实上，研究中出现观念上的偏差是教师专业化发展的必然过程，因此我们

① 刘捷.专业化：挑战 21 世纪的教师 [M].北京：教育科学出版社，2002.
② 唐玉光.教师专业发展与教师教育 [M].合肥：安徽教育出版社，2008.

有必要厘清教师专业化的内涵，进一步研究教师专业化的标准，以期准确把握教师专业化发展方向。

2. 教师专业发展的概念

教师专业发展是教师个体在职业生涯中不断成长和进步的过程，它涵盖了多个方面，包括专业思想、知识、能力和心理品质的提升。首先，教师的专业思想是指教师对教育事业的理解和认识，以及对教育目标、教育价值观的思考和反思。通过专业发展，教师可以逐渐形成自己的教育理念和教育观念，明确自己的教育目标，为教育实践提供指导和支持。其次，教师的专业知识是指教师在教育理论、学科知识、教育法律法规等方面的知识储备。教师通过自主学习和研究，不断更新自己的知识储备，提高自己的学科素养和教育专业知识水平。教师的专业能力是指教师在教学设计、教学组织、教学评价等方面的能力。通过专业发展，教师可以不断提升自己的教学技能，提高教学效果。此外，教师的心理品质也是教师专业发展的重要方面。教师需要具备积极向上的心态、坚韧不拔的毅力和高度的责任感。通过专业发展，教师可以培养自己的自信心、适应能力和抗压能力，更好地应对教育工作中的挑战和困难。

教师专业化和教师专业发展实质上都是指提升教师专业性的过程，但论述研究的思维角度有所不同。教师专业化更多地从社会学角度对教师群体的专业性提升进行策略研究，而教师专业发展则是从教育学角度研究教师个体内在的专业化提高，强调的是教师个体的被动专业化和主动专业化发展。

教师专业发展是教师专业化的方向和主题，是教师个体专业能力持续发展的过程，也是教师职业真正成为具有较高社会地位的专业的主要途径。教师专业化和教师专业发展的概念的不同之处在于，教师专业化代表着一种教育思潮和思想，教师专业发展是一个具体的实践过程，包含教师专业成长的过程。

教师专业发展已经成为国际教育改革的普遍趋势。在全球范围内，各个国家和地区都意识到教师的专业发展对于提高教育质量和实现教育目标的重要性。因此，许多国家都加强了对教师专业发展的支持和投入。教师专业发展不仅是提高教师素质的需要，也是适应教育改革和社会发展的要求。在中国，教师专业发展也备受关注。教育部等相关部门已经出台了一系列政策和措施，鼓励教师参加专业培训、进行教育研究和开展教学创新。同时，学术界也对教师专业发展进行了深入研究，提出了一些理论框架和实践策略，以促进教师专业化水平的提升。

3. 体育教师专业化的概念

体育教师专业化是指通过专业训练和自主学习，体育教师成为具备专业知识、技能和素养的教育专业工作者。其核心是培养教师的专业能力和素养，以便能够科学地指导学生的体育锻炼和训练，帮助学生全面发展。另外，专业化的体育教师还可以参与学术研究和教育实践的交流与合作，提升自身的学术水平和影响力。通过专业化的发展，体育教师能够获得更多的职业发展机会和提升空间，提高自身的职业满意度和幸福感。

体育教师专业的特殊性在于体育教师角色的多样性、劳动的复杂性及体育教师所处地位的独特性。从某种程度上说，也正是由于体育教师这一职业具有这些特殊性，才从根本上决定了体育教师的职业是一个专门职业，体育教师职业是不可替代的。

体育教师作为专门职业，其专业化发展是建立在遵循体育发展规律的基础上的。体育领域不断发展和变化，体育教师需要与时俱进，不断学习和更新专业技能。通过自主学习，他们能够深入研究体育教学的最新理论和实践，不断提升自己的专业水平。提供高质量的服务是体育教师的职责和使命，他们应该关注学生的个体差异和需求，灵活运用教学方法，激发学生的兴趣和潜能。

4. 体育教师专业化的标准

体育教师专业化是教师专业化的重要组成部分。不论是在理论上还是实践中，体育教师专业化要经历由重视体育教师专业性职业地位和待遇，转变为强调体育教师的角色与实践的过程，进而培养学生的创新能力，促进学生的全面发展。事实上，能否正确把握体育教师专业化的实质，才是体育新课程改革成败的关键因素。体育教师专业化对于体育新课程改革的成功至关重要，因为只有具备高素质的教师，才能有效地引领和推动教育改革。

在实施《普通高中体育与健康课程标准》的过程中，部分体育教师存在专业素质不足的问题。体育教师的专业素养和教学能力的提升是体育健康课程改革的关键，只有高素质的体育教师才能够胜任体育与健康课程改革的使命。

（1）特殊的体育教师职业伦理精神

体育教师这份职业要求体育教师具备崇高的敬业精神、职业道德和健康的个性品质。

首先，体育教师应该热爱体育工作，并将其视为一项使命，他们应该对体育教育充满热情，并以积极的态度面对工作中的挑战，他们应该理解体育对学生身心健康发展的重要性，努力为学生提供优质的体育教育服务。

其次，体育教师应该以身作则，成为学生的榜样，他们应该注重自身的健康和素养，保持良好的体育习惯和生活方式。通过自身的良好行为和言传身教，体育教师能够影响学生的成长和发展，激发学生的学习兴趣和积极参与。

体育教师应该具备高度的责任感和自我约束能力，他们需要关心学生的发展，积极为学生提供指导和支持，他们应该注重学生的个体差异，根据学生的特点和需求进行个性化教学。

此外，体育教师还应该拥有积极向上的工作动机和健康的人格特质，他们应该不断追求进步，提升自身的专业素养和教学能力，他们应该具备乐观、坚韧、勇于挑战的品质，能够在工作中保持积极的态度和心态。

在实施体育教学内容时，体育教师应该自觉遵守本领域的伦理规范，他们应该尊重学生的权益和个人隐私，注重教学的公正性和公平性，他们应该遵守教育法律法规，不做任何违反职业道德和伦理的行为。

（2）专与博的系统专业知识

体育教师专业化要求他们精通所教学科的知识和内容，了解学科的发展和创造性，具备广博的文化知识和教育科学知识。

首先，体育教师应该深入了解体育科学的理论基础，了解不同运动项目的规则和技术要领，能够指导学生正确、安全地进行体育锻炼和训练。此外，体育教师还需要了解体育教育的相关理论和方法，能够将这些知识应用于实际教学中。

其次，体育教师需要了解学科的发展和创造性。体育教师应该关注体育领域的最新研究成果和教学方法的发展趋势。体育教师需要不断更新自己的知识，提高自身的学科素养。

此外，体育教师还应该具备广博的文化知识和教育科学知识。体育教师需要了解体育在不同文化背景下的发展和意义，能够将体育教育与文化教育相结合，培养学生的文化素养和国际视野。同时，体育教师还需要了解教育科学的基本原理和方法，能够运用教育科学知识和技巧进行教学设计和评价。

体育教师需要具备教育科学知识，包括现代教育思想、教学理念、教育目的、课程与教学、教育科学研究方法、心理健康与辅导、班级管理、教育政策法规等。具备充足的教育科学知识，体育教师才能够更好地影响学生，并使教学充满启发和诱惑。教育科学知识可以帮助体育教师理解学生的认知特点和学习方式，选择适合学生的教学策略和教学语言，他们可以运用启发式教学、示范教学、问题解决等方法，帮助学生理解和掌握复杂的体育知识和技能。体育教师能够根据现代教育思想和教学理念，设计和实施具有针对性和创新性的教学内容和方法，可以根据学生的年龄、兴趣、能力等方面的差异，设计差异化的教学方案，满足学生的学习需求。体育教师运用教育科学研究方法进行教育实践的反思和改进，运用启发式教学、问题导向教学等方法引导学生主动探索和学习，让学生在体育教学中体验到乐趣和成就感。体育教师还能够通过了解学生的心理需求，提供适当的心理支持和辅导，通过了解班级管理的原则和方法，建立良好的班级秩序和氛围。同时，体育教师还应该遵守教育政策法规，保障学生的权益和安全。

（3）娴熟的专业技能和教学能力

体育教师的专业化和专业发展是一个需要不断提高的过程。体育教师需要具备娴熟的专业技能和教学能力，他们应该熟悉各种体育运动的规则和技术要领，掌握运动技能的教学方法和训练原理，他们还应该熟悉教学设计的原则和方法，能够根据学科特点和学生需求进行教学内容的选择和组织。通过实践教学将这些技能转化为教学技巧，展现出职业专业性和教学艺术性，这是体育教师职业生涯中需要不断提高和改进的方向。

体育教师的教学能力是体现其职业专业性和教学艺术性的重要方面。

第一，组织能力是体育教师必备的能力之一，他们需要组织和管理学生的学习活动，确保教学的有序进行。

第二，语言表达能力是体育教师有效传授知识和信息的关键，他们需要清晰准确地表达教学内容，以便学生能够理解和掌握。

第三，教学设计能力是体育教师的核心能力，他们需要根据学科特点和学生需求，合理设计教学活动和教学计划，以达到教学目标。

第四，教学评估能力是体育教师及时了解学生学习情况和教学效果的关键，他们需要运用适当的评估方法和工具，对学生的学习进行准确评价。

第五，教育科研能力是体育教师不断提高教学水平和专业素养的重要手段，他们需要具备科学研究的方法和技能，并且能够进行教育实践和教育改革的探索和创新。

第六，团结协作能力是体育教师与同事、家长和学生有效沟通和合作的基础，他们需要具备团队合作意识，以共同促进学生的全面发展。

（4）积极进取的自我专业发展意识

体育教师的自我发展意识是保证教师不断自觉地促进自我专业成长的内在因素。因为专业伦理和专业道德理念等是促进教师专业化发展的外在因素，体育教师的专业化是个体动态的发展过程。体育教师需要主动寻求自我专业发展的机会，明确自己的专业方向，并采取积极的方法来充实自己的专业知识和技能，以引导学生的学习。

体育教师在体育教育改革中面临的机遇为教师专业化自我发展提供了有利条件。传统的职业倦怠和新课程实施带来的角色变化将被积极的自我发展意识取代，这激发了体育教师的积极性和学习动力。体育教育改革为体育教师的自我专业发展提供了有利条件，使他们能够更好地适应教育改革，并实现自身的专业成长和发展。

（二）体育教师专业化发展的基础

1.体育教师专业化发展的社会基础

教师专业化是教育发展的关键，也是培养学生的有效途径。高质量的体育教师能够提供优质的体育教育，促进学生的身心健康和全面发展。体育教师的专业化不仅是为了自身的发展，更是为了培养学生的综合素质和未来的发展。教育部门和学校应该加强对体育教师的培训和支持，提供必要的资源和机制，帮助体育教师不断提升自身的专业素养和教学能力，为学生提供更好的教育服务。

教师专业化不仅包括专业知识和技能的问题，还包括教育对象的特殊性和教师的多重角色。教师专业化需要关注教育对象的特殊性。体育教师不仅需要了解体育学科的知识和技能，还需要深入了解学生的身心发展特点和需求。体育教师不仅是知识的传授者，还是学生的引导者、榜样和辅导者。高质量的体育教师需要有道德、理想和专业追求，他们应该以身作则，具备良好的职业道德和职业操守，帮助学生树立正确的行为和价值观。体育教师还应该保持对教育事业的理想和热情，不断追求教育的进步和创新，他们应该积极参与教育研究和教学实践，不断提升自己的教学能力和专业素养，为学生提供更好的教育服务。

影响体育教师专业化发展的社会因素有很多，可以归纳为下面 3 点。

（1）体育教师教育社会化的直接挑战

长期以来，师范院校一直被视为培养教师的唯一途径，这导致教师市场形成了垄断局面。这种垄断现象带来了一系列问题，其中包括自满、缺乏竞争和进取能力等。师范院校的垄断不仅导致教师队伍出现了严重的惰性和依赖性，还加剧了近亲繁殖的现象。

然而，进入 20 世纪 90 年代后，师范教育开始进行改革，但改革缺乏发展的动力。直到 1999 年，决策者决定允许非师范院校参与教师培养，这一决定打破了封闭的师范教育体制，推动教师教育走向市场竞争。在这个开放的体制下，坚守既有的教师素质标准已经不再现实，同样认为只要传授知识就能成为合格教师的观点也是错误的。

因此，体育教师教育迫切需要一个专业化的标准来进行规范。这个标准应该明确专业化的教师职业理念和标准，为教师培养机构提供参考和遵循。通过建立专业化标准，培养出具备娴熟的专业技能和教学能力的教师，从而提升教师教育的质量，为学生提供更好的教育。这也将有助于实现教师教育的数量扩大和质量提升的目标。

（2）体育教师社会声望和社会价值提高的需要

对教师职业的社会声望和价值进行综合性的评判，取决于多个条件。然而，其中最为关键的因素是教师自身的专业化程度。对于体育教师来说，要赢得社会的尊重和认可，他们需要具备较高水平的专业教学能力，以取得良好的教学效果。

体育教师的专业化程度是提高整体教育水平的重要标志。通过专业化的培训和教育，体育教师能够提升自身的教学能力和专业素养，从而为学生提供更全面、有效的教育。专业化的体育教师不仅能够传授知识和技能，还能够培养学生的综合素质和发展潜力。

因此，为了提高体育教师职业的社会声望和价值，需要重视教师自身的专业化发展。这包括持续的专业培训和教育，以及为体育教师的职业发展和成长提供支持和机会。通过不断提升体育教师的专业水平，建立一个更加优质和有价值的教育体系，为学生的全面发展和未来的成功奠定坚实的基础。

（3）体育教师职业生命可持续发展的需要

在一些发达城市和地区，如北京、上海等，教师的学历要求日益提高。学校对教师学历要求的提高反映了对提高教师质量的迫切需求。特别是对于体育教师而言，要保持卓越的教学水平，学习和持续的专业进修是唯一的途径。为了满足这一需求，需要改变过去工匠式的培养方式，将教师教育纳入全新的专业化训练框架。这意味着体育教师需要接受更高水平的学历教育，不断提升自身的学术素养和专业知识。同时，他们还应该积极参与专业培训和进修课程，紧跟体育教育领域的最新发展。

2. 体育教师专业化发展的教育基础

在人类社会的发展中，任何事物都应遵循其自身的发展规律。我国教师教育的历史进程也不例外，从独立封闭到开放竞争的模式转变，从师范院校培养到社会化与专业化的发展，都是一个自然历史进程，不受个人意志的支配，而是遵循客观规律。

师范教育的历史经验为教师教育的发展提供了宝贵的基础。通过起步创立阶段、体系独立阶段，以及规模发展阶段，我国的师范教育逐渐完善和发展。这些历史经验为教师教育的改革提供了重要的借鉴和指导，为体育教师职业专业化的出现奠定了基础。在教师教育的发展过程中，体育教师职业也经历了从兼职到专职，再到成为一个社会行为的转变。这个过程逐步形成了体育教师职业专业化的特征。这些发展阶段和过程加速了体育教师职业专业化的历史进程，并为新的发展阶段的到来铺平了道路。

3. 体育教师专业化发展的个人基础

教师的自主发展是教师专业化发展的个人基础，它强调教师在专业发展过程中的主动性、自觉性和独立性。体育教师的自主发展包括以下四个方面：一是自主意识，即教师对自身发展的认知和意识；二是自主策略，即教师制订和实施个人发展的计划和策略；三是自主行为，即教师在实践中积极主动地探索和实践；四是自主性及自我评价，即教师对自身发展进行自我反思和评估。

专业理念在体育教师专业化中起着关键作用，它源于对教育科学理论的学习和理解，以及对教育改革实践的磨炼和体会。教育理念对教师的实践活动具有指导作用，体育教师应将正确的专业理念融入教育实践中，从而推动自身专业化的发展。

随着时代的发展，体育教师的职责不再局限于传授体育知识和技能，而是更加强调激发学生的自主学习、思考和创新能力。体育教师不仅要在课堂上传递信息，还要成为学生学习旅程中的引导者和启发者。这意味着体育教师应该超越传统的教学框架，与学生建立更为亲近的关系，了解他们的兴趣、潜能和需求，以此更好地引导学生发现自身的优势和发展潜能，激发他们对体育的热情和自我提升的动力。然而，要实现这样的教学效果，体育教师需要具备科学的教育理念。只有在科学的教育理念的支持下，体育教师才能实现更高水平的专业化，才能提供更个性化、有针对性的教育服务，满足学生不断增长的需求，促进他们在体育领域的全面发展。这样的专业化发展将使体育教育更加有深度、有广度，从而为学生提供更为丰富、有意义的学习体验。

（三）体育教师专业化发展的必要性

1. 体育教师专业化发展是世界性潮流的顺应

使教师具备专业技能并成为专业教育者是教师教育的核心目标，也是提升教师在社会中的价值的基础。在过去，教育行业盛行的观念是"能者为师"和"学者为师"，这种情况是由社会历史条件造成的。现今高等教育水平越来越高，职业专业化程度不断加深。缺乏医学教育的人难以成为医生，而未接受工程专业培训的人也很少有机会成为工程师。但是，在教师领域，却有越来越多的人未经过教师专业教育就直接担任教师，这种反差凸显出了教师教育专业化的急迫性。人们越来越意识到当前教师教育价值的缺失，提高教师职业专业化的议题也因此引起了广泛的关注。在中国的体育领域中，对体育教师进行价值判断的依据为"运动技能专业化"的理念，人们普遍认为优秀的体育教师应该具备或曾经具备较高的运动技能水平，但这种理念已经不能满足向科学化转型的体育教育的要求。因此，我们必须根据当今社会和体育教育的现实发展情况，为体育教师专业寻找新的发展基点，以改革和创新的方式促进体育教师的培养和成长。

2. 体育教师专业化发展是改革和提高教育教学质量的需要

学校体育质量的优劣，取决于体育教师水平的高低。根据国际研究，人力资源比起物质资源更能有效提高体育教育质量。体育教育的质量主要取决于教师的水平，即使缺乏昂贵的器材和设备，只要体育教师的教学水平较高，学生仍然能够接受高质量的体育教育。体育教师教育专业化的前提条件是满足学生的教育需求。随着科技和文化的高速发展，现代社会对教育的要求越来越专业化和系统化，也因此催生了许多不同的体育教育方式。在这种情况下，如何有效地向学生传授知识，促进青少年身心健康的协调发展，并让学生具备终身学习的意识和能力，是每位体育教师应该思考的问题。仅将教师视为职业、教师教育视为职业定向或职业分配的方式已经落后，需要加强教师教育的水平。我国体育高等教育的进步有目共睹，体育教师教育的质量和师资数量均得到了显著提升。以往的教师教育能够满足基础教育对体育教师的需求，现在的教师教育则更进一步，在满足基础教育需求的同时，已经开始逐步满足高等教育对高素质体育教师的需求，从而全面提高学校体育教育水平。

（四）体育教师专业化发展的制约因素

1.体育教师培养体系不健全

目前，我国体育教师培训模式重点关注入职前培训和入职后培训，未能全面满足体育教师专业化的连续性、一体化和终身化原则的要求。同时，还有人错误地认为具备在师范院校进修资格的学生也就具备了成为教师的资格，不需要接受有目的性的系统性培训。

若体育教育专业的毕业生想要获得特定证书或资格，或学习新的专业知识，他们需要去教育学院或教师进修学校接受进修培训，只依靠在校期间学习的内容是不够的。入职培训阶段的培训对于体育教师的教育非常重要，但在当今的培养体系中，入职培训未能获得充分的重视。入职前培训和入职后培训在培训目标、培训内容、教学课程及教学方法方面未能形成系统化的培训体系，在职培训又过度重视表面功夫，不能为入职的教师提供有针对性的培养方案。

2.体育教师教育专业知识体系不完善

体育教师教育专业知识体系的不完善，是由于专业知识体系缺乏充分的统一整合所导致的。在职业性质上，体育教师职业要呈现出在所教学科专业和教育专业保持"双专业"的特征。因此，体育教师需要具备多元化的专业素养，不仅要掌握体育学科的基本知识，还需要对教育学科有所熟悉，掌握相应的教育教学技巧，同时也要具备现代信息技术的应用能力。目前，体育教师教育的专业体系还有待完善，主要表现在过度强调学科专业知识的系统性和完整性，却忽视专业知识的更新。现今的体育教育改革和体育教师专业成长需要创新性的专业结构和知识体系，循规蹈矩已经无法满足需求。

3.体育教师人格塑造存在缺失

"学高为师，身正为范"[①]，是对教师职业特点的精辟概括，同时也是现代体育教师必须具备的人格素养。作为教育领域的从业者，体育教师不仅需要具备扎实的体育学科知识，还需要拥有优秀的授课技巧和高尚的专业伦理、职业道德。现阶段体育教师培训对于塑造体育教师个人品格的重视还不够，这一不足可能会对日后体育教师的形象产生严重的影响，使得大众对体育教师的职业产生不专业、不负责的刻板印象。

4.体育教学自主与专业自治存在问题

在评估体育教师专业化水平时，是否拥有专业自主权是一个重要的参考因素。当前，我国的体育教师在教育理念、教学方法、教学材料和参与培训方面十分落后，个性表现不够突出。许多体育教师依赖于教科书和教学大纲来教授课程，这种方式使得体育教师完全复刻了教材内容，失去了自主决定教学内容、流程和方法的机会，变成了被动执行教学计划的工具。

5.体育教师的工作满意度降低

社会对体育教师的职业满意度和信任度正在不断降低。除此之外，体育教师对自身职业的自我评估也呈现出愈加低迷的态势。产生这一现象的原因可能是体育教师缺乏得到支持和鼓励的机会；在工作中没有与同行和其他职业人士交流和沟通的机会；学校的层级体系十分严格，导致体育教师无法充分准备好新增的教学任务等。

体育教师的工作积极性与其满意度及信念息息相关。研究表明，体育教师的信念和工作热情是影响其成为卓越教师的重要因素，其信念和工作热情能够对体育教学产生更大的影响。此外，体育教师的工作热情不全由薪资水平和工作环境等因素决定，如何增强体育教师的工作热情已经成为当下体育教育的重点问题。

6.体育教师的研究意识不足

从本质上讲，体育研究旨在优化体育教学实践，提升教学效能，拓展教师的专业素养和发展潜力，并培养他们成为积极实践、具备批判性思维和自我意识的教育者。通过有机结合经济上的激励和精神上的鼓励，关注体育教师的士气和动机，能够促进其专业发展，激发教师本身的积极性和主动性。专业化教师在研究

---

① 谭向勇.现代大学理念与实践[M].北京：首都师范大学出版社，2007.

上的深入是其区分于传统教师的重要特征，具体包括对教学对象、教学目标、教学方法、课程设计等方面的研究。目前，体育教师仍然缺乏专业化发展的自觉意识，未能积极思考如何适应新的课程标准，并缺乏对自身教学实践的深入反思。

（五）促进教师专业化发展的策略

不论教育改革发生怎样翻天覆地的变化，在课堂上实现教育计划及教学纲领的永远是教师。教师作为站在教育战线最前端的人，其专业化程度的高低将对教育改革产生巨大的影响，教师的素质、能力与思想是决定国家教育改革成败的关键因素。高校体育教育是我国高等教育的一个重要组成部分，是培养全面型人才的一个重要方面。高校体育教育专业的教师不仅肩负着培养社会需要的复合型人才的责任，同时还肩负着我国体育教师的培养任务。可见，高校体育教育专业教师才是我国体育教育改革成败的决定性因素。

要提高体育教育专业教师的专业化水平，可以采取多种策略，这里主要从以下 4 个方面进行探讨。

1. 确定体育教师专业发展的方向

为了全面提高高校教师的专业化水平，需要先对其专业特点进行深入了解，同时建立起科学的专业目标框架。高校教师的专业特征主要有以下 3 个方面。

（1）学问高深

海纳百川，博大精深是大学教育的本质特征之一，也是高校教育区别于中小学教育的重要特征。"大学"一词在英语中是"university"，它的词根"universal"的含义是普遍的、万能的、全世界的。美国教育家布鲁贝克（Brubacher）认为，"高等学校所关注的是深奥的学问，只有那些掌握了高深的、专业的学问及知识的人才能够胜任高校教师这一职业。[①]"

（2）教书育人

从专业知识和技能来说，作为高校教师，一方面，要不断地学习相关专业前沿的知识和技能，来指导学生进行学习。另一方面，还需对学生进行管理和指导，重视维护学生的心理健康，帮助他们健康地成长与发展。对于高校教师而言，教书育人是其教学生涯中最基本也是最重要的使命。

---

① 熊德明.冲突与调适：社会转型中的大学教师角色[M].武汉：华中师范大学出版社，2018.

（3）德高望重

高校教师的工作性质决定了其劳动性质属于脑力劳动，且是高强度和高难度结合的脑力劳动。而对于高校体育教师而言，运动的负荷使他们在付出脑力劳动的同时，还要付出较大的体力劳动，他们的劳动为社会、国家乃至整个世界的人类文明创造了巨大的知识财富，他们应该受到社会各界的尊重与赞颂。

鉴于高校体育教育的特殊性及高校教师的专业特点，可以明确高校体育教育专业教师专业化发展的目标，即态度专业化、学科专业化、教育专业化。这些目标为高校体育教育专业教师的发展提供了框架，可以指导和约束其专业化进程。具体来说，学生的学习成果和学习态度会受到高校体育教师工作态度的影响，因此，为了在高校教育教学实践中获得成功，体育教师需要在教学过程中明确并逐步养成专业态度，如专业追求和专业信念等。

在专业化进程中，教师需要持续不断地积累和更新知识，从而提高自身素养。高校体育教师专业化的基础目标在于学科相关知识的积累和学科能力的提高。同时，教师的专业化发展过程还是教师教育能力不断发展提高的过程，与之相关的教育学知识便成了高校体育教师专业化发展的关键目标。总体来看，高校体育教育专业教师的专业化目标，应当是一个有机结合的整体，各要素之间相互联系、紧密结合，其中的各个要素都是对高校体育教育专业教师的基本要求。

2.通过继续教育提升体育教师综合素养

教师的继续教育，即教师的在职教育与培训。对已获得一定学历教育和专业技术职称的在职人员进行的教育活动。就其定义来看，继续教育有这三个特点。

其一，它对学习者的学历有一定要求。学习者需具备一定的专业知识和技能水平，不能是"零基础"。它更为注重的是在已有相关资格的基础上的提高。

其二，它是一种组织化的学习。区别于"个体"学习来说，"组织化"学习需要相关的教育组织机构的配合实施。

其三，培养目标的专业性。继续教育仍然属于专业教育，它的主要目标是培养专业领域内的专业人士的知识技能及态度，从而进一步提高专业人员的素质水平以更好地适应工作的需要。

近年来，我国的教师教育发展很快，各类教育机构如教师进修学校、成人教育学院等，已经形成了一定规模。但规模的庞大并不能有效地促进教师素质的快速提高，可见教师的继续教育问题重重，具体如下。

（1）过分强调"统一"

传统的教师培训方式采用自上而下的方式，以"统一培训"为主，但忽略了教师实际情况和需求。这种方式使得教师在接受培训时积极性不足，而是处于被动状态。培训内容大多是有关专家宣扬最新的教学理念、技术方法等，并没有贴合教师的切身需求。传统教学是"传授多、讨论少，讲解多、钻研少"，在这种情况下学员的能力提高是有限的。因此，要彻底改变原有的教师教育的模式及内容。在教师接受继续教育的过程中，高校教师是受教育者，但也不能忽视他们更是教育者这一现实。对于高校体育教师的继续教育而言，我们需要关注其主动性并鼓励其根据经验、知识、个人条件和学习需求的不同，选择合适的教学组织形式和内容，更多地接受教师的意见和建议，了解教师真正需要的，增加教学中的实践部分，尤其对于体育教师，不能将知识仅仅作为理论来"说"，更要实际地去"做"，灵活采用合理的教学方法进行教学。

（2）过于片面地追求"结果"和"数字"

很多的教育监管部门在检查教师教育实施的相关情况时，只在乎培训人数及次数、达标率等，不重视教学过程。教师被要求提升业务素质，这就意味着他们需要参加各种考试，如普通话、计算机、教学法等，同时还需通过考试提升学历。所有参加考试的教师都需要接受培训，而且还需要缴纳培训费用。教育监管部门对于"结果"和"数字"过于强调，却忽视了教师是否能够真正地从培训中学到知识。

要做好教师的继续教育，真正使教师能够学有所获，单靠几个数字是不能妄下结论的，监管部门应制订行之有效的方案，拿出合理的管理办法，从客观上保证教师教育的有效性。

（3）教师自身缺乏对继续教育的正确认识

高校体育教师虽然是专业化程度较高的群体，但继续教育的作用仍不能被轻视。在当今社会飞速发展的时代，"一劳永逸"的情况已不复存在，教师必须不断充实自己，以利教学。有的教师对"进修"的认识不足，只是希望借机来获取"证书"或提高学历，这也违背了教师接受再教育的本来目的。因此，高校教师要树立正确的受教育观，根据自身特点，在进修中切实地吸收知识、掌握技术，提高学习积极性和主动性，增强自己的综合素养。

3. 鼓励体育教师加强主动学习意识

单靠外力推动是不足以实现教师专业化的，高校教师应加强主动学习意识，只有教师自己主动地参与，才能实现教师专业化。

（1）做好自身的专业发展规划

做好切合自身情况的专业发展规划，是实现专业发展的重要环节。

第一，要全面客观地认清自身的优势与劣势，找到自身的不足。

第二，要确定自身发展目标与路径，目标要细化，短期目标与长期目标要明确。

第三，要制订行动方案，根据自身情况，需要在哪些方面做出努力，合理地制订学习计划和分配时间。

第四，要及时调整，规划制订得再好中间也难免会出现偏差，不论是主观因素还是客观因素，及时调整才是实现自身发展的关键。

（2）学会学习

未来的文盲已不再仅指目不识丁的人，而是没有学会如何学习的人。高校教师对于学生的教授，其中主要一点就是教会学生如何学习。教会他们如何学习要比单纯教会他们知识技能重要得多，这就要求高校体育教师自己学会如何学习。不断总结经验教训、不断提高理论知识以指导实践、不断接受新鲜事物、不断尝试新思路和新方法、不断寻找适合自身情况的学习方式，提升自身学习能力。

（3）学会反思

反思是人类进步的阶梯。教师通过教学反思能够提高自我的教学监控能力，也是总结经验教训的重要环节，通过反思教师可以回顾教学活动，分析出现问题的原因，寻求解决的方案，以便在以后的教学活动中避免重复的错误发生。

4. 建立完善的制度保障体育教师利益

（1）建立教师利益组织，维护教师合法权益

据调查发现，当前不少学校都建立了类似教师工会、教师代表会的教师群体组织。这些组织的作用名义上是代表广大教工，最大限度地维护教职工的合法利益，但在实际的运作上却不尽人意。因此，想要真正维护教师的合法权益，就必

须建立专业的教师组织，作为与学校或政府相关部门平衡制约的一级，只有这样才能切实维护广大教师的利益。

（2）健全教师评价制度

完善的教师评价制度，能够帮助教师清楚地认识到自身存在的问题及不足，提高教学质量，激励教师进步，是沟通学院、教师、学生的桥梁。当前，评价制度多由领导评价、同事互评、学生评价组成，并且评价内容也不够全面，评价过程也大都趋于形式化，无法真正做到对教师的客观评定。

就高校教师而言，评价一个教师主要看其科研能力的强弱。科研能力固然可以反映一个教师的综合素养，但一味地强调论文发表的数量与质量，会影响教师的思想观念。所以，如何建立全面、客观、多元化的教师评价制度，是体育教师专业化发展急需解决的问题。

二、培养体育教师的效能感

（一）培养自信

自信不是先天就能够拥有的品质，而是建立在积极的自我评估和自信心之上的，拥有自信的人们相信自己有能力实现目标和梦想，这一信念是通过不断的实践和经验积累逐渐形成的。自信和自我效能感有着紧密的关系，提高教师的工作绩效，为其提供拥有成功体验的机会，帮助他们培养实际的工作能力，让教师在工作中获得成就感，是让教师获得自信的直接途径。

（二）坚定教育信念

教师的教育信念是指在教师了解自己的工作之后，对于自身在教学领域的价值和重要性产生坚定不移的信念。体育教师的教育理念可以被理解为一种对学校体育工作不懈追求的职业信条，它是教师必不可少的思想支撑和教学实践的关键，同时也是推动教师自我发展的重要动力。一旦确定信念，它便会深刻影响个人的内心活动。要使体育教师坚定教育信念，就必须让他们持续了解体育在社会上的重要性。体育锻炼不仅对人们的生存至关重要，还能够提升人们的生活质量。体育教师所做的努力，不仅致力于保障人民的福利和推动社会和谐，也是对文化传统的弘扬。

（三）加强教学反思，提高教师教学监控能力

要成为一名优秀的体育教师，需要拥有丰富的知识储备和开拓性的思维能力，对教育理论的最新发展具有高度敏感性，同时也需要拥有实践教学的经验，并愿意不断自我审视和完善，形成反思性教学模式。通过不断地反思实践过程，教师能够让教学过程更加完善、协调，同时也能够激发教师的教学意识。教师的教学监控能力指的是教师在授课过程中有意识地对自己的教学进行观察和评估，关注自身调控课堂的能力，这种自我监控意识与教学成效存在紧密的联系。

第四章　新技术在高校体育教学发展中的应用

体育教学的发展离不开各种技术与方法的创新应用，本章的主要内容为新技术在高校体育教学发展中的应用，围绕网络教育技术的应用、多媒体技术的应用、现代信息技术的应用及体育课件的应用展开论述。

第一节　网络教育技术的应用

一、互联网与现代体育教育

现代体育信息意识可以被理解为人们对于体育信息现象的思想观念和敏感程度，拥有现代体育信息意识的人会选择主动收集大量的体育信息，同时将其加工成知识，进而消化吸收它的思维过程。体育信息意识体现了人类在体育信息处理方面的认知能力，包括获取、分析和应用体育信息的能力。

在心理学领域，人们把意识定义为心理认知和思维活动的一种具体表现形式，它是所有认知过程引起的各种心理活动的总和，涵盖了感性认知形式和理性认知形式。全球学术界都对意识研究予以了高度重视，国际互联网络上还建立了专门从事这方面研究的实验室。

对于体育科研者来说，具备良好的信息意识至关重要。信息意识能够提高人们的观察能力，加快人们的反应速度，使人们能够善于发现并捕捉瞬息即逝且不为人所知的有价值的信息。研究信息意识的意图在于培养创造性思维，加深对于体育和科技信息的认知，同时提高知识产出能力，从而成为推动体育科研发展的重要力量。

现代科技和体育信息是促进体育系统组织重组的关键因素，它们的出现不仅促进了体育科技的发展，而且显著增强了体育竞争力。体育科学的研究已经开始越来越重视跨学科融合，以更全面的视角来揭示尚未被发现的多种规律和现象，这需要跨学科协作，结合多种研究方法，以从不同层面和角度全面探究。随着现代信息科学技术和网络的迅猛发展，体育信息资源得到了极大的丰富和传播，这为现代化体育研究提供了更多的内容和课题。想要从海量的信息中快速、准确地检索出所需资料，需要掌握计算机操作和网络技术，同时提高外语水平。通过整理和加工信息，挑选出具有重要价值的信息，能够为研究和开发提供更快捷、高效的服务，从而缩短科研工作的时间，提高工作效率，加速体育科技成果的研制。

随着现代信息技术的进步，体育科研领域的设备条件得到了进一步改善。借助国际互联网络上丰富的体育信息资源，体育科研人员可以足不出户地获取所需信息。此外，更加先进、便捷的科研和工作方法正在取代许多传统的体育科研方法和技术手段。这些变化不仅会影响体育科技人员传统的工作方式，还会给研究模式带来重大的变革。体育科研正在越来越多地运用信息科学技术和其他技术工具，以揭示不同体育现象之间的共性和独特规律。信息科学既具有丰富的信息资源，又拥有灵活有效的数据分析手段，相比传统研究方法更能精准呈现体育现象之间的联系。体育领域的所有体系都含有信息过程，这些过程能够被精准地描述，从而推动体育科研向更加全面、精准和定量化的方向发展。

随着科技的不断进步，我国的社会主义体育管理学正在逐步转型为以"三论"为基础的现代管理工程学，其中最核心的内容正是体育管理信息系统。为了推动我国社会主义体育事业的蓬勃发展，我们需要逐渐引入包括计算机技术在内的现代化工具，建立并完善体育管理信息系统，同时结合符合客观规律的管理艺术，实现最优化的管理效果。

二、学校体育网络教学的基础——校园网

随着计算机硬件设备的广泛使用及教学资源的日益丰富，我国许多高校正在积极运用或者准备运用自己的校园网。作为一种技术平台，校园网能够创新性地开展体育网络教学，其搭建情况将直接影响体育网络教学的成效。

自 1999 年开始，教育部要求高校开展内部网络的搭建工程，并在其中开设体育教育网页，这为教育环境开启了新的发展大门。

就校园网的分布情况来看，我国校园网基本上覆盖了所有高校。但对于体育教学相关网络的开发，仍有很多地方需要改进。高校校园网中的体育主页数量较

少，且已经开通的主页的内容更新也不够及时，各个栏目的设置也不完善。此外，许多学校的体育主页没有建立起多层链接，通常只提供一页简单的文字论述。很少有学校利用高校体育网络来开发教育功能。总的来说，在高校体育网络方面，存在着以下问题：首先，体育网站数量不够，且建设质量也有待提高；其次，体育网络教育的功能开发仍有待完善。

目前，我国高校校园网的主要形式包括了以下四种。

（一）系、部体育主页

作为高校体育信息的主要传播渠道，系、部体育主页由体育教学和管理部门进行编制、开通及维护。一般而言，在体育网站上，用户可以浏览有关学院的基本信息，包括组织结构、教职员工和学生构成、提供的体育教育课程、团队活动、赛事信息等内容。一个综合性的体育网站还需要提供相关的体育教学资料库，并网站上添加大量超链接。此外，体育院系的主页还应提供专业设置、人才培养和学科建设等方面的相关信息。有些学校的体育网站还涵盖了历史及成就等信息。一些学校还在其网站上发布了对专业体育教师的招聘信息，这进一步提高了校园体育网站的实用价值。

（二）素材库中的体育课件

素材库中的体育课件涉及网络学校和教育技术学院提供的多样化学科教材及丰富的体育教学相关的教材。一般来说，校园网管中心或教育技术中心负责编写和维护其网页。通常情况下，这一网页会展示与体育有关的文本、图像和比赛视频。由于在运营过程中缺乏专业体育人员的参与，这些体育网站在规划内容时缺少逻辑性和连贯性。它们的网页层次没有遵循常见的体育教学规则，使得内容难以理解。这些主页主要包括体育卫生保健理论网与体育技术教学网两部分，其中后者提供了广泛而丰富的教学课件，课件中介绍了各种运动项目的基础知识、比赛规则、技巧和策略指引、难点攻略及精彩比赛的高潮片段视频等。一些素材库也提供了其他专业体育素材网站的链接，让校内人员可以在校外获得更多的体育资源。

（三）校园网中的体育社团主页

该主页由校园内的体育社团借由校园网络组织创建。通常，管理和维护工作也由该社团组织的成员承担。每个社团都会根据其特定的体育运动项目来设置他们的主页内容，这些特定的体育项目通常是本校开展比较普及、水平较高的项目，如浙江大学的跆拳道社团、中国地质大学的攀岩俱乐部等。

体育社团主页会涵盖有关社团的简介、章程、教学课程、成员组织、过去取得的比赛成绩及图库等信息。有的体育社团会提供国内外重大比赛的报道和优秀运动员的最新动态介绍，在主页底部还附带着许多相关专题体育网站的链接。学生自主管理校内体育社团的主页，这种情况能够加深学生对特定体育项目的了解，增强对体育社团的宣传力度，以及提高该社团在校内和社会上的知名度。

（四）BBS 论坛

BBS 是一种电子公告栏，旨在方便人们在其上就某一问题发表意见、展开讨论。对于 BBS 来说，体育也是备受追捧的话题。调查结果显示，BBS 社区的主要话题中有大量的关于竞技体育比赛的消息和评论。此外，学生还会分享他们参与体育活动的经验和心得，并向其他同学请教解决问题。

互动性是 BBS 的显著特征之一。若有提出问题或表达见解的同学出现，往往会激发其他同学的兴趣，促使他们主动参与讨论或提供援助。如今，BBS 已成为各高校体育网页最重要的交流方式之一。

第二节　多媒体技术的应用

尽管多媒体技术在体育教学中有许多优点，也展现出了足够的应用价值和应用可能。但由于体育教学的独特性质，这些技术只能作为辅助手段，不能替代教师成为教学的主导角色，也不能替代学生在学习中的主体地位。

一、多媒体技术在体育教学中应用的现状

（一）多媒体技术应用于体育教学所表现出来的优势

综合利用文字、图形、音频、视频、动画等元素的多媒体技术，可以丰富体育课程的教学内容，使其呈现方式更加多样和灵活，充分发挥其独特优势。

1. 更新了体育教学观念

多媒体技术在体育教学中的使用，使得体育教学模式从传授知识为主的传统方式转变为更为现代化的多媒体教学方式。教师使用多媒体设备展示课程内容，并与学生互动沟通，提高了学生的参与度和学习成效。这种体育多媒体教学理念突出了学生在学习过程中的主体地位，有助于丰富体育教育的教学策略和实践方法，同时也能够转变学生在体育知识和技能学习方面的思维模式。

2. 提高了教学质量

在传统的高校体育教学中，理论课教师主要采用讲述的方式进行教学，并辅以图片、图表等。教师的教学方法和展示技巧对体育课程的效果起着重要作用，但受限于某些客观因素，一些技巧动作的呈现可能无法做到完全标准化和规范化。因而，在短时间内，学生难以完整掌握正确的动作概念，只能靠教师的反馈来提升学习效果，这种现象降低了体育教学的教学质量及成效。通过引入多媒体教学，可以有效地改善了这一问题。多媒体教学能够将抽象的体育概念以图文方式展示，使其更加形象生动地呈现出来。此外，借助计算机模拟技术，也能够生动地展示具有极高难度的动作。对于包含复杂结构且速度很快的动作，多媒体教学也能够优化讲解并演示效果。使用多媒体技术可以让学生以更加直观的方式体验、了解、模仿各种动作，从而使他们能够掌握相应的技能和知识，进而显著提升教学的效果和效率。

3. 提高了学生的体育学习效果

运用多媒体技术能够刺激人体多个感官系统，激发脑部多个功能区域的交替活动；能够增加学习材料的趣味性和吸引力，从而使得知识更容易被理解。通过图表、动画、音乐等多种形式，多媒体技术可使教学内容更为形象、生动有趣。同时，多媒体技术也可以为体育教学注入艺术元素，让课堂气氛更加活跃和有感染力。多媒体体育教学资料所呈现的协调美感、力量和技巧，能够使学生更加深入地了解体育的益处和社会价值，同时激发他们对知识的追求和对学习体育的热爱，从而有效提高学生参与体育课堂学习的兴趣和质量，这种影响是不言而喻的。

（二）现阶段多媒体技术应用的无效性

尽管多媒体设备在很多学校的应用已经很普遍了，但是各学校却还没有充分地发挥多媒体技术大容量和信息资源丰富的优势。实际上，在目前的体育教学中，多媒体只起到了教师板书的作用，没有发挥出其在教学中的真正价值。教师仅在课堂上用多媒体展示已保存的教学内容，会使学生难以找到重点，无法体现多媒体所追求的图、文、声、像四合一的教学效果。

（三）多媒体辅助工具在教学过程中存在的问题

多媒体辅助工具的发展受到技术水平和软件开发手段的限制，具体体现在以下 5 个方面。

1. 在某些非逻辑判断方面无能为力

在一些教学领域，特别是体育动作评估、学生比赛表现和作业纠错等非逻辑判断方面，目前尚无法通过计算机等工具实现。

2. 对学生的学习缺乏监督

多媒体辅助工具虽然可以根据学生的个人能力和水平提供个性化的教学，帮助他们自主选择适合自己的学习内容，但最终的学习效果还是依赖于学生本人的自我管理能力，计算机本身无法监督和管理学生的学习进程，最终的学习成果取决于学生自己。除此之外，由计算机辅助的教学形式和过程相对单一，需要学生长时间盯着电脑屏幕，这与传统的课堂教学相比，更容易让人感到疲乏。

3. 不能与学生形成情感交流

计算机本质上只是一种机器，其运作方式完全受到预先编写程序的制约，这使得它无法和学生建立情感交流。比如，计算机无法真诚地对学生表扬，与计算机相比，教师的表扬更容易引起情感共鸣，能够真正激发学生内心的情绪反应，从而发挥更好的激励效果。同时，计算机也无法识别和响应学生情感变化。

4. 无法实现德育教育功能

教师不仅要教授学科知识，还要承担着塑造学生性格和培养其良好行为方式的责任。这就要求教师利用自身的言语和行为示范，引导和规范学生的行为。即通过多种方式，如说服、以身作则、修养熏陶、启迪引导及肯定鼓励等，有目的地培养学生。这项任务明显不适合由多媒体工具来完成。

5. 缺乏对突发事件的控制能力

课堂授课的关键在于师生间的互动和相互影响，也因此课堂上时常会出现一些不可预测的事件。课件的设计很难把教师对这些事件的"反应"纳入可控流程。

举例来说，如果多媒体课件已经确定下来，教学过程中就不能进行改动。这样固定教学内容、策略和表达方式的做法，即使没有意外情况发生，也不太可能促进师生之间的互动，而且还会减少课堂教学的多样性和吸引力。

二、多媒体技术对体育教学过程的影响

教学过程既包含了学生的学习过程又包含了教师的教授过程，这两个过程是相互依存、相互支持的。在高校体育教学中，教师、学生和教学内容均是至关重要的因素。作为教与学的双边活动，体育教学活动中的师生密不可分，两者之间相互依存，共同参与到实践性极强的教学过程当中。传统的课堂教学中，教师采用动态的讲解和演示方式，向学生传授相关的知识和技能；学生则在积极的实践中思考，最终达成掌握体育基础知识、技能，提高素质的目标。这种灌输式的教学模式很难激发学生的学习热情，无法让学生更主动地参与学习；教师在示范过程中有心无力，讲解不能被学生形象化地理解，达不到应有的效果。多媒体技术的应用可以弥补教师在教学中存在的不足，同时激发学生的学习热情，促进知识的快速更新。研究多媒体技术在高校体育教学中的使用，以及它对教师、学生和课程的影响，有助于从现实层面改进传统的教育模式，提升教学效率。

（一）多媒体技术的运用对教师的影响

通过计算机多媒体技术，教师的讲解与示范内容可以得到生动呈现，达到辅助教学的目的。在这一过程中，多媒体技术支持完整或分解的动作技术展示，教师可以根据实际需要调整动作速度和采用图片与动画等方式，将自己的教学理念传达出来。多媒体技术简化了教师在课前、课中、课后的工作流程，提高了指导方法的灵活性，减轻了教师繁重的重复性教学任务，可以为他们留出更多时间来深入研究教育教学的各个方面。在此基础上，他们可以探索并发掘教育教学规律，并开发适用于不同学生需求的教学软件，从而更好地满足学生的诉求。制作课件为教师提供了更灵活的教学方式，让教师能够更有效地引导学生，在教学过程中发挥指导作用。

（二）多媒体技术的运用对学生的影响

传统高校体育教育的方式是由教师制订计划和要求，引导学生进行实践学习。

学生需要依靠教师的解说和演示，才能准确理解动作原理，熟练掌握运动技能；需要借助教师的评价来了解学习的成绩。

通过多媒体技术的应用，学生在体育教学中不再完全依赖于教师，其学习体育知识的过程已经从被动接受转化为主动。这种教学模式下，学生可发挥自主学习能力，根据自己的实际情况，自主选择学习的内容，成为学习过程的主导者。该模式中保障了学生在教学中的主体地位。尽管如此，学生仍然需要学校和教师的协助，不能完全依赖自主学习。教师制作的多媒体课件，蕴含了教师的教学理念，并融合了许多杰出教师的智慧和经验。

（三）多媒体技术的运用对教学内容的影响

教材体系与教育和培养的目标密切相关，能够直接反应它们的特点。教材内容应该涵盖科学实用的知识，让学生了解社会生活中所需要的健身技能和知识，以此为基础，促进学生终身进行身体锻炼，提升身体素质。体育教学的形式和结构已经因多媒体技术的应用而发生转变。

1. 教学内容外在形式的变化

高校体育教学内容丰富多彩，随着电子化教育的推广，教师已广泛运用录音和录像等技术手段进行教学。多媒体技术拓展了信息呈现方式，教学过程不再受限于单一的文字表达，而是包括了图片、音频、视频等多种元素，使呈现的信息更加丰富多彩。此外，这些多媒体信息还能够进行存储、管理、编辑和传递。教师可以尝试运用多种不同的方式展示相同的教学内容，从而优化展示效果，解决其他媒体只能采用单一展示方式并难以协同呈现的问题，进而提高教材的易读性。运用多媒体技术可以营造逼真的现场教学场景和氛围，使学生感受仿佛身临其境，从而激发其学习的兴趣和积极性，促进学生的综合素质发展。

2. 教学内容内在结构的变化

传统的教材采用线性结构来组织学科知识内容。要掌握正确的动作概念和原理，学生只能在教师的指导下学习，表现出了对教师较强的依赖性。多媒体是一种以贴合人类认知特点的方法来组织、呈现教育内容和构建知识结构的技术。使用多媒体教学的非线性网络架构有益于学生对实际概念及其结构关系的正确理解，并帮助他们将既有的知识经验迁移到新知识的学习上。这种多媒体的非线性网络结构在教学中关注知识的产生过程和知识结构，使得教学内容既具有统一性，又具有灵活性，充分体现了因材施教的个性化教学理念。

三、多媒体技术在体育教学中辅助作用的应用研究

在体育教学方面，教师对多媒体教学与传统教学两者比例的把握至关重要。由于需要借由多媒体教学平台来实现，多媒体教学手段的运用必须在室内进行。多媒体教学有它的优点，但考虑到体育教学需要进行大量户外活动，因此多媒体技术在体育教学中只能作为辅助工具。

接下来，我们将对多媒体技术在体育理论课教学和体育实践课教学两方面的辅助作用进行应用研究。

（一）多媒体技术辅助体育理论课教学

1. 体育理论课教学的现状

目前，绝大多数高校体育理论课程的授课时间都比较少（依照教学大纲，年学时在16学时左右），但是教学内容却比较复杂。常规的教学方式是以教师为中心，采用讲授为主的方式。教师在讲台上结合板书不断地讲述。学生只能被动地听、记、背，缺乏思考与想象的时间。这种单向的教学方式使得学生参与度不够，教师只能完成教学的表面工作，而学生只能记住一些表层的知识点。在这种情况下，学生并没有完全掌握知识，对传统的教学方式不满意，也对学习产生了厌倦心理，进而对教学的效果和效率造成了严重的负面影响。

2. 多媒体技术辅助体育理论教学的可行性

教学是依据教学内容而具体展开的，是由教师的"教"和学生的"学"彼此协同构成的双边活动。体育理论教学是有目的的教学活动，需要教师、学生和媒体密切配合，运用适合学生的方法来指导他们的体育学习，从而提高他们的学习素养和道德素质。在当今信息高速发展的时代，传统的教学媒体，如教科书、粉笔和黑板已经过时，无法适应现代教育的需求。因此，为了更好地满足时代的教学要求，教师可以结合实际的教学情况，在传统的教学方法基础上灵活地引入多媒体技术，达到提高教学效果和效率的目的。这样，教与学就会形成一个相互激励和自治的系统，从而获得更好的教育成果。随着科技的快速进步，许多前沿的

科技成果已经被成功地应用于教育领域，各大高校都建有多媒体教室，为教师提供了现代化的物质条件，使得改革传统体育理论教学方式和手段成为可能。

3. 多媒体技术辅助体育理论教学的优点

（1）系统地指导学生进行学习

如果教师应用现代化的教学理论来规划课程内容和步骤，教学流程就会变得更加组织化和标准化，软件设计将变得更加多样化，关键信息提示将更加简洁明了，练习方式将更加多样，用户操作将更加灵活自如，用户界面也将更加易于使用。利用人机对话，能够提高学生的专注度，使学习内容更加生动有趣，有助于引导学生主动参与学习。

（2）学生可用其进行自我学习及自我评价

教师制作好的教学课件可以重复运用，这样学生不仅能在课上学到知识，还能在课后通过电脑获得相关信息，自主学习，并且还能够通过课件中提供的测试题来进行自我评估。

（3）提高学生的学习兴趣和学习效率

学生对外界的新事物有很高的感知能力，而在学习体育理论时，除了身体感受，学生还需要接收大量的视听信息。传统的教学方式已不再实用，而多媒体技术的优势能够为体育教师提供有效的支持。学生对于生动逼真、富有多样性的视觉呈现表现出了浓厚的兴致。多媒体技术的应用可以完美呈现教材的主要内容、难点及详细信息，它在论述深度、呈现全貌、生动形象和细节展现等方面具有强大的优势。通过文字、声音、图像和动画等多种方式，它可以让学生在三维空间里轻松掌握教材中的要点，达到深刻理解的效果。使用多媒体教学方式不仅可以改善课堂气氛，还能增加教师与学生之间的互动，从而进一步提高学生认知系统的优势，激发他们的学习兴趣。

（4）更新教学观念，提高教师自身素质

体育教育改革倡导培养多才多艺、富有创造力的人才。为此，在教学内容方面，教师需要在保证教学效果的前提下，采用多样的教学方法，创造出能够帮助学生更好地理解概念、掌握方法、享受学习乐趣并掌握健身技能的新型教学模式。使用多媒体技术作为教学辅助工具，能够有效地发掘学生的潜能，同时消解传统体育理论教学无法培养学生的知识探究与思考能力的弊端，进一步帮助学生全面发展。

要应用多媒体技术辅助教学，体育教师需要准备大量的数字媒体资料，并熟练运用先进设备。因此，这种辅助教学方式可以促进教师个人素质的提高，而教师的素质水平又会对其教学效果产生直接的影响。

总的来说，应用多媒体技术辅助体育理论课的教学，可以刺激学生各种感觉器官，迅速获得大量信息。通过将教学材料转换成多媒体形式，可以使文字信息转换为形象图像，并且实现与声音的同步展示，进而使得教学内容更为生动且丰富多彩。整合图文并茂的多媒体资源，有助于提升学生对知识的理解和吸收效果，促进其形成深刻的记忆和学习体验。

计算机的运用为教育提供了一种现代化的教学方式，深化了教学功能，这是传统教学方法做不到的。利用多媒体技术支持教学，有效缩短了学生学习和理解知识的时间，加速了学习进程。

（二）多媒体技术辅助体育实践课教学

鉴于体育教学本身的特殊性质，大部分的体育课程都是以实践为主，要求教师与学生一起参加身体锻炼，且这些活动多在户外进行。出于提升教学效果的考虑，教师学会应用多媒体技术来辅助教学十分重要。

1. 传统体育实践课教学中存在的不利因素

传统体育实践课教学中存在的不利因素如下。

（1）教师的专业特长在教学中有一定的局限性

在体育实践课教学中，学生主要依靠视听来感知技术动作，其中视觉是学生获取信息的主要途径。教师则需要具备高超的技能水平和示范能力，才能成功地演示规范的动作。然而，体育教师大多只擅长几个项目，全能型的体育教师十分罕见。此外，即使体育教师进行示范，也难以避免出现错误或失败的情况。体育教师若表现失误，有可能会削弱他们在学生眼中的可靠程度。因此，在具体安排教学时，每位体育教师都会更倾向于安排自己喜欢和擅长的内容。但这种情况如果长期发生，必然会对学生的综合发展产生不良影响。

（2）随着教师年龄的增长，示范动作的质量会随之下降

随着体育教师年龄的增长，其动作示范能力也会相应地减弱。此外，随着经济状况的改善和生活水平的提高，许多年轻体育教师已经开始面临肥胖的问题，进而导致示范操作困难。这些教师在教学内容的选择上，会回避需要过多技巧示

范的动作，导致教学内容过于单一、简单化，进而影响学生的全面发展。

（3）一些高难度的技术动作教师难以示范

教授体育技能时，教师需要进行一些技术动作的示范，而在面对一些高难度的动作，如腾空、翻转时，教师的示范并不直观。这些高难度动作的技巧和要领相当复杂，学生很难在短时间内掌握它们，并且也很难迅速形成全面的动作记忆。在这种情况下，教师若只是反复讲解，也可能会导致效果不佳、进度缓慢。

（4）教学观念陈旧，教学手段单一

在传统的体育教学实践中，许多教师习惯沿用过去的经验和教学理念，没有与时俱进，也没有跟上新的教学改革的潮流和思路，有时可能会受到一些固有观念的束缚。另外，有些教师的授课方式缺乏灵活性和适应性，其课堂氛围单调乏味，学生参与度不足，达到教学目标的效果也相对较差。

（5）教师的个人素质有待提高

现今的教师在高校体育教学领域表现出色，但在其他学科领域，特别是人文和社会科学领域的知识储备相对较少。这些知识的缺乏很可能会导致授课效果不佳，使得教师出现无法满足高科技教学需求的情况，从而不利于素质教育改革的推进。

2. 多媒体技术辅助体育实践课教学的方式

随着课堂教学的改进，越来越多的学校已经开始运用多媒体技术来辅助体育教学。这在很大程度上激发了学生对学习的热情，同时有助于提高学生对动作技术的认知水平，有利于他们更快速地掌握相关技能，并且获得更多相关知识。在实际的体育教学中，通过借助多媒体技术，可以实现更高效的体育教学效果，具体的应用策略如下。

（1）灵活运用，激发兴趣

在体育实践课的授课过程中，利用多媒体技术的视、听、色、形等多种表现方式能够帮助满足学生对于知识探究的渴望，提高他们学习的积极性。比如，教师在教授篮球基本战术配合相关的知识时，学生对于这类知识的了解程度有限，所以在跟随教师的战术示范时，表现不够流畅自如、有些紧张，需要花费很长的时间来降低难度和提升教学效果。这时如果应用篮球游戏软件配合教学，就可以产生事半功倍的效果，该软件可以根据教学内容随意设计比赛环境，能够以轻松的方式为学生直观地呈现要学的内容。

（2）化难为易，化动为静，突出技术动作的重点和难点

运动界中存在许多技术要求极高的运动项目，这些运动项目的设计非常巧妙，需要运动员在极短的时间内完成一系列复杂而连续的动作，如田径跳跃项目的空中动作、单杠的回环动作等，如何标准地示范这些动作已经成为体育教学的一大难题。一方面，体育教师的示范动作由于诸多自身条件的限制难以达到完美的效果。这些因素包括但不限于对动作要领的理解程度、年龄、身体状态及心理状态。另一方面，示范时，学生的观察也会受到角度和时机的限制。不少动作是发生在瞬间的高难度动作，学生用眼睛捕捉时很难看清，也不能在短时间内将看到的景象组成完整的动作图像，这会在一定程度上妨碍学生的学习。通过使用课件演示，教师能够将展现技术环节的教学手段进行慢放、暂停、重新播放等操作，从而让教学内容变得更加生动形象、具体易懂。这种方法能够协助学生更深刻地领悟复杂而抽象的知识，更轻松地掌握动作的关键点，突出重要知识点并解决难点，以形成对动作的清晰印象。除此之外，采用这种方法还能够提高学生的学习效率，节省教学时间。

（3）通过正误对比，纠正错误动作

运用多媒体技术，教师能够利用整合了运动员高超技术的录像和图片，并结合对关键、难点及典型错误动作的分析和讲解，打造精品课件。这个过程中，教师应当引导学生提出问题并一起寻找答案，通过观看、聆听、思考和讨论的方式进行学习。这样的方式能够让学生有效避免常见的错误动作，使其不仅能够快速掌握动作，还能够提高观察能力和分析能力。比如，在教授"鱼跃前滚翻"时，教师无法拆解动作，学生也难以感受到"跃"的体验，训练过程中容易出现屈膝过度等问题。在这种情况下，利用多媒体技术可以使学习变得更加简单，通过用课件比较正确与错误的动作，加深学生对知识的直观认识。"鱼跃前滚翻"的课件中包含动作拆分，在课堂上将该动作分解为起跃、手撑低头、团身翻和蹲立。为了帮助学生区分正确和错误的动作，也可以在每个分解动作中加入失败动作和与之对应的特殊声音。教师通过逐步示范正确和错误的操作，引导学生讨论并激励他们进行比较和分析，帮助学生形成准确的动作概念，并在学生出现错误时进行及时的纠正。

（4）现场模拟练习

多媒体教学呈现出了显著的交互特征。结合体育理论和学习目标，教师可以

设计出适合的电子教学资料，从而以更便捷的方式进行人机互动，如为了更生动地向学生介绍足球比赛规则中的"越位"问题，教师可以利用多媒体技术，编写一些具有针对性、交互性的练习，帮助学生更深入地理解和掌握越位规则。同时，教师可以借助足球比赛的录像来更直观地展示规则的应用效果。在练习中，要求学生对录像中球员的行为在"越位"和"不越位"两个按钮中作出选择。如果回答正确，就会收到表扬和"解释"按钮；如果答案不正确，则会显示教师的鼓励和"解释"按钮。按动"解释"按钮，学生可收到教师对答案详细的解释，学生也能考察自身的理解情况。这种练习方式强调互动性，同时富有趣味性，效果显著，它能够使学生仿佛置身于实境场景，启发学生的主动性，让他们从被动学习转变为主动学习。

（5）器械飞行的模拟演示

通过精心制作模拟演示，教师可展现技术动作细节和成绩的关联，如借由对物理原理的模拟来探究投掷器械在空气中的飞行轨迹，让学生理解运动成绩的影响因素，即增加出手初速度、减小空气阻力和增加出手高度都会使投掷距离增加，使他们在日常的训练中将出手角度、出手初速度等纳入练习范围。与此同时，学生也可以在教师的帮助下，研究各种不同环境条件下不同抛掷项目的最佳投掷角度规律。

体育实践课教学中，多媒体技术的应用具有独特的优势和效果，无法被传统的教学方式所替代。把多媒体技术与体育实践课教学相融合，可以创新体育教育教学方式，提高教学效果，对教育改革有积极的促进作用。采用多媒体技术来提升体育实践课的教学效果是具有发展潜力、值得推崇尝试的教学模式。

（三）多媒体技术辅助体育教学的局限性及对策

1. 多媒体技术辅助体育教学的局限性

尽管多媒体技术在体育教学方面的应用能够取得良好的教学效果，但是由于多种原因的限制，其辅助效果也会受到一定程度的影响。

（1）场地的限制

由于多媒体教学主要应用于室内环境，其教学设备通常是固定的，而体育教学则大多在室外进行，因此在体育教学中应用多媒体技术存在一定的限制。

（2）缺乏多媒体辅助体育教学硬件

由于多媒体设备的高昂价格和学校体育教学本身的特殊性，目前在多媒体辅助教学中，硬件资源短缺成为一项严峻的挑战，这给教学带来了一定的限制和困扰。

（3）体育教学辅助软件匮乏

开发体育教学辅助软件需要开发者具备一定的专业能力，要求计算机专业人员和体育教育工作者密切合作，整合多个不同领域的知识和技术。一方面，因应试教育和经济利益的影响，导致体育教学辅助软件的开发不足。另一方面，许多已开发的体育教学辅助软件受到了限制。原因是许多体育教师不具备计算机知识，不愿意学习也缺乏使用软件的热情，这使得计算机体育教学辅助软件的进一步发展受到了阻碍。

（4）体育工作者的教学思想、教学观念陈旧

随着信息时代的到来，借用计算机技术辅助体育教学已经成为必然的发展趋势。然而，当前有很多体育教师并未重视计算机技术的学习，他们还在坚持传统的教学观念，认为体育教学不需要学习计算机也能进行下去。此类陈旧的教学思想应当及时革新，体育教师应当紧跟时代脚步，深化自身的知识素养，进而推动教学水平的提升。

2. 发展多媒体辅助体育教学的对策

（1）加强多媒体辅助体育教学的实践、创新与理论研究

多媒体技术已经成为辅助体育教学的新型工具。体育教师应大力发扬创新开拓的精神，在多媒体技术的辅助下积极推进体育教学实践，并通过实践不断摸索、总结经验。此外，需要更加深入研究计算机辅助体育教学的模式，为计算机辅助体育教学的积极发展提供理论支持。

（2）加强计算机、网络硬件的投入和技术力量的提高

学校的行政管理机构应当紧跟教育领域的现代发展潮流，更新教育理念，加强网络和硬件设施建设，提供教学所需的必要计算机设备。同时，还需要加强在技术支持方面的投入，促使网络硬件向流畅、高效的方向发展。

（3）加强体育教学辅助软件的开发与应用

开发多媒体辅助教学软件可以从以下两种方案中选择。一是采用市场化路线，由软件公司主导，同时邀请体育专家和知名教师作为顾问，共同研发体育教学软

件；二是选择自主研发，综合应用校内体育教师和计算机专业技术人员的能力，协同打造小而实用的体育教学辅助软件，满足教学的需求。

（4）转变体育教师教学观念，提高教师的素养

随着现代教育技术的飞速发展，21世纪已经迈入了信息化社会。传统的教学方式、方法和手段也面临着彻底的转变。体育教师应勇于接受挑战，转变教育理念，不断提升自身素养。为了克服应对挑战的畏惧心理，体育教师需要更加勤奋地学习，掌握最先进、最现代的体育教学方法和技能，以适应日新月异的信息社会。

（5）体育教师要注意多媒体的优化组合

找准媒体的最佳使用组合是实现多媒体教学的重点。体育教师在进行体育实践课教学时，需要思考如何选择最合适的媒体组合。由于不同课程需要使用不同的教学媒体，因此媒体组合也会因此而异。在体育教学中，应该多元化地运用不同的教学媒介，避免过于倚重、滥用某一种媒介，避免出现给学生灌输过多无效信息的情况。

（6）正确处理现代化媒体与传统媒体的关系

相比于传统媒体，现代化的媒体利用先进的设备和技术，通过三维动态呈现方式，以更加准确、实时的方式传递教学信息，激发学生的学习热情和潜能，最终使教学质量得到显著提高。在利用现代媒体的过程中，我们需要注意权衡优化，在适度使用的同时，找对使用的时机，并且充分考虑媒体使用中的科学性和实际效益，切忌盲目追求时尚和跟随潮流。因此，体育教师在教学中需要在现代化教学媒体和传统教学媒体之间寻找平衡，只有将两者的优势相融合并运用于教学过程中，才能实现教学质量的显著提升。

第三节　现代信息技术的应用

一、现代信息技术在高校体育教学中应用的现状

（一）电子板书基本代替手写板书

随着现代信息技术的发展，人们的生活方式和生活内容正在发生改变，计算

机文化、网络文化已逐渐成为一种基础文化，信息能力也日益成为现代社会中人们的一种基本生存能力。因此，教学中必须增加培养学生对信息获取、检索、分析、处理能力的内容，提高信息能力也要作为教育的培养目标。可见，构建新的教学模式，必须应用以计算机为核心的现代信息技术。电子板书的出现使教师从"吃粉笔灰"的困境中得到了极大的解放。电子板书（目前主要是 Microsoft Word 和 Microsoft Powerpoint）迅速风靡全国各高校。由于体育教学的特殊性，电子板书主要还仅用于体育室内课或理论课的教学。

（二）高校体育网络远程教学开始起步

远程教育（distance education）的出现不仅是教育技术的改革，更是几千年传统学院式教学模式的变革。20 世纪 90 年代中期，国际互联网的迅猛发展，为形成基于网络手段的现代远程教育体系的实现提供了可能。教育的未来将会形成一个全球化完整的网络教育体系。现代体育远程教育管理系统用来对体育网络教学资源进行分类管理，构建统一的体育教学资源库，为各类体育网络课件的制作和教学提供强大的信息支持。现代体育远程教育管理系统应包括远程教学管理系统、课程学习管理系统、授课学习系统、考试管理系统、信息查询系统、计费管理系统、数据统计与分析系统、体质监测系统、运动技术评价系统等。随着社会的变革和发展，体育教育工作者需要更新知识，还有更多的人需要得到体育健身的指导却找不到相应的渠道。经调查，在函授—电大—网络教育这个远程教育体系中，体育远程教育仍然采用函授这种最古老、传统的远程教育形式，不能满足体育工作者和体育爱好者对继续教育的要求，借助网络教育形式来发展、扩充体育教育势在必行。现代体育远程教育并非传统体育教学的数字化和网络化，一些有远见的机构和学者已先期进行了探索研究，有的院校和研究人员已开发出田径、排球、健身操等项目的教学课件并投入教学实践。在信息技术占主导地位的 21 世纪，以多媒体、网络化、智能化为主要特征的现代信息技术，对传统的高校体育教学实践产生了深刻的影响，传统的计算机辅助教学观念已不能涵盖信息技术对体育教育的影响。教师开始放弃传统教学方法进行单向教学，并向现代网络化、多媒体教学转变，体育教育模式已从封闭式的校园教育向开放式的网络化教育转变，体育教育方式也从一次性的学校教育向着终身体育教育发展。新的信息手段应用于学校体育教育，使从只针对广大学生的教育转变为适应每个学生个体的教育有了可能。高校应利用自身优势加快探索步伐，与社会体育紧密结合，建立适合体育学科特点的体育远程网络教学平台。

（三）体育信息技术人才的需求日益扩大

信息技术已广泛地深入体育教学、运动训练、竞赛管理、体育科研等各个领域。体育信息化的深入发展，对于体育信息技术人才的需求日益迫切，用人单位对人才的技术能力要求不断提高，体育信息技术人才的概念内涵日益专业化。目前，我国体育信息技术水平仍然较低，而体育信息技术人才的培养、体育信息技术人才素质的提高又是推动我国体育信息化建设的关键，因此研究如何培养高水平、高素质的体育信息技术人才非常重要。近几年，在我国已有部分体育院校开设了体育信息技术专业，并培养了专门的体育信息技术人才。体育信息技术人才必须具备较深的体育专业知识，又必须具备较专业的信息技术技能和能力，才能满足社会对这类高级复合型人才日益扩大的需求。

二、现代信息技术与高校体育教学整合

（一）整合的概念与实质

整合的英语是"integration"，意义为综合、融合、积存、集成为统一的有机整体。在哲学意义上，整合是指若干相关的事物或因素之间相互作用而构成和融合为一个新的统一体的过程。这一过程是此事物与彼事物全面综合的全方位融合的过程。教育界引用"整合"一词通常表示整体综合、渗透、重组、互补、凝聚等意思。信息技术与课程整合就是在先进的教育思想、教学理论的指导下，把计算机技术，通信技术及网络技术等信息技术作为促进学生自主学习的认知工具、情感激励工具和丰富的教学环境的创设工具，并将这些工具全面地应用到各学科的教学过程中，使各种教学资源、各个教学要素和教学环节，经过整理、组合、相互融合，在整体优化的基础上产生聚集效应，从而促进传统教学方式的根本变革，达到培养学生创新精神与实践能力的目标。

目前，国内关于信息技术与学科或课程整合的说法与定义有很多。综合这些观点，我们发现主要是基于对学科或课程概念的不同理解而产生的分歧。我们可以将目前信息技术与学科整合的定义分为"大学科整合论"和"小学科整合论"。

大学科整合论主要是指学科是一个较大的概念。这种观点主要是指将信息技术融入学科的整体中去，改变学科内容和结构，变革整个学科体系。"大学科整合论"观点有助于从学科课程整体的角度去思考信息技术的地位和作用。"小学科整合论"则将学科等同于学科教学。这种观点将信息技术与学科整合等同于信息技术与学科教学整合，信息技术主要作为一种工具、媒介和方法融入学科教学的各个层面中，包括教学准备、学科教学过程和学科教学评价等。这种观点是目前信息技术与课程整合实践中的主流观点。信息技术与学科整合概念的分化反映了人们看待信息技术作用有不同的视角。信息技术与学科整合特别需要关注教学实践层面的问题。本书是基于"小学科整合论"而提出的。通过中国期刊全文数据库查询近十年有关信息技术与学科整合的文章发现，对于现代信息技术与体育学科整合的研究虽然早已存在，但这些研究缺乏系统性和全面性。通过长期的实践与理论探索，信息技术与各学科课程整合的概念逐渐清晰起来，人们认识到信息技术给教育带来的不仅是全新的技术和媒体，而且必将全面影响到教育观念、教育体制、教育模式和教育内容，以及未来的教育发展，它在知识经济时代的地位和作用，正如同农业时代的文字和工业时代的印刷术，成为人类教育史上第三座里程碑。

学校将比任何社会上的其他简单社会团体或机构更有助于青年和成年人生活得更健康、更长久、更令人满意和更具有生产性。信息技术与学科教学整合目的是促进教师教学方式、学生学习方式和师生互动方式的改革，为学生的多样化学习创造环境，使现代教育技术真正成为学生认知、探究和解决问题的工具，培养学生的信息素养及利用信息技术自主探究、解决问题的能力，提高学生学习的层次和效率。信息技术与学科教学的整合是将学科教学的内容与计算机及网络的运用融为一体，既体现了信息技术的强大威力，又满足了学科教学的需求。通过高校体育学科教学与信息技术的整合，能丰富体育教学手段，改变学生体育学习方式，提高体育教学效果，而学生利用信息技术学习体育知识的同时，也能加强对信息技术的理解与运用，提高信息技术的操作水平，实现学科教学与信息技术的"双赢"。信息技术与高校体育教学整合的实质是将信息技术作为工具，服务于体育教学，有利于新的教学方法的实施，它引发了体育教学观念、教学设计、教学方法、教学互动、教学艺术等方面一系列的探索与思考，是一种全方位的教学改革。信息技术与体育教学的整合不仅是信息技术在体育教学中的简单应用，它也是附着在新的教学方法之上，为新教学方法的实施提供工具和信息资源，发挥信息技术的不可替代性，如在探究学习中展示问题情景，提供探究问题解答和评价的工具；在协作学习中提供检索信息、交流和发布信息的工具，以及评价工具。这种工具的应用，使原本难以实现的教学方法得以实现，并产生用其他手段难以得到的效果，使体育教学达到最优。

（二）现代信息技术与高校体育教学整合的内容问题

随着信息技术的广泛应用与飞速发展，为改革传统高校体育教学方法和教学手段带来了新的契机，为学生综合运用所学知识技能提供了新的平台与途径。信息技术与体育教学整合的理论基础是建构主义。建构主义提倡在教师的指导下，以学习者为中心，既重视学习者的认知主体作用，又不忽视教师的指导作用。教师是意义建构的帮助者、促进者，学生是信息加工的主体，是意义的主动建构者。建构主义主张充分利用各种学习资源，强调情境创设的学习环境和探究式学习策略。现代信息技术与高校体育教学整合的内容是什么呢？是否所有的体育教学都进行整合才是真正的整合呢？尽管信息技术教学手段有很多优势，但是它不能完全代替传统的教学手段。高校体育教学中教师在课堂教学时必须根据体育学科教学内容和学生的特点恰当地应用信息技术进行教学，信息技术不一定是创设教学情景的最佳手段，教学软件的制作技术水平越高也不一定说明信息技术与体育教学就整合得越好。仅从高校体育教学的内容看，它一般包括体育、卫生保健和各种锻炼身体的知识。学校体育教师要按照学校体育教学大纲、体育教材和体育课本规定的内容进行教学活动，因而，在编写大纲与教材时就要将信息技术的应用与整合考虑进去。整合的内容不一定是教学内容的全部，也不是只局限于体育学科，要善于把握体育与其他各学科中有联系、有价值的信息，促进教学综合化、信息化和系统化。

我国高校课程体系的基本框架形成于 20 世纪 50 年代全面学习苏联的时期，尽管几十年来不断进行改革，但原有模式的束缚和影响仍然存在。在高校体育中，课程体系设置狭窄、结构单一、内容陈旧，造成大学的教学内容与中小学的内容教育重复度极高。把运动技术教育作为重点，忽视学生多样化体育兴趣和体育意识、能力的培养，严重束缚和压抑了学生学习的积极性和主动性，不利于学生的身心发展，更不利于高校体育学科的建设。新的教材体系的建立，应打破传统观念的束缚，从人的全面发展出发，以强身育人为目标，在追求教学内容的科学性、实用性、娱乐性、健身性、文化性的同时，应立足系统设计，科学选择和整体推进；在追求普遍意义的基础上，推崇教材建设中的不同特色，将终身体育思想贯穿于整个体育教育之中，充分挖掘和发挥体育课对大学生素质养成的潜移默化作用，使新的教材体系更紧密地与健康教育相结合。教师要善于从诸多信息中筛选出有创新价值的信息进行整合，替代机械记忆、重复演练的内容，加大有效教学的力度，促进终身体育的实现。多数教师对信息技术与教学的整合的认识仍停留在 CAI（computer aided instruction，计算机辅助教学）阶段，认为只要用了电脑，用了课件或上了网就是整合，就目前整合的实践来看，也仅限于学生能够上网搜索一些文章或图片，用 Word 编辑一篇短文，发一份 E-Mail 等。当然，整合并不能解决体育教学中的所有问题，而应从实际出发，寻找最佳结合点，突出教学重点，解决难点，探索规律，启发思维。信息技术与高校体育教学的整合包括与体育理论课和技能术科课教学整合。整合的实质是使信息技术成为体育教学的有机部分，与体育教学内容、体育教学资源和体育教学评价等实现有机的结合。要实现信息技术与高校体育教学的整合首先要实现教学内容的数字化和信息化。高校体育教学内容的信息化包括体育教学资源信息数字化、体育教学多媒体化、体育教学信息资源共享。从技术层面来分析，信息技术与体育教学的整合主要包括多媒体课件的应用、人机对话、素材演示、控制模拟、对照分析、动作创新及科学训练等。整合内容问题争议的实质是对整合内涵的理解不深不透。不论信息技术如何发展和发达，它始终代替不了智慧传递、情感交流和亲身的体育锻炼实践，明白了信息技术是一种工具、手段和意识，才能使信息技术在高校体育教学中的应用如语言、文字、纸张等的应用一样自然而流畅。

（三）现代信息技术与高校体育教学如何整合的问题

毋庸置疑，高校体育教学与其他学科教学有相同的某些特性，但又明显不同于其他学科教学。体育教学更多的应该强调的是其特殊性。因而，信息技术与高校体育教学的整合也更要突出其特殊性。信息时代的突出特点是开放性和跨时空性。对于现代信息技术与高校体育教学如何整合的争议核心集中在两种观点上：一是把信息技术整合当作纯粹的工具应用，只要有信息技术应用于教学就叫作整合。二是信息技术不仅是一种工具，更是一种方法、手段和意识，现代信息技术与教学的整合是一种难分彼此的互相融合与渗透，整合不仅强调应用，更应强调一种信息意识，信息素养与能力的形成。无疑，第一种观点是比较肤浅的，第二种观点才比较深刻地反映了整合的本质。现代信息技术与教学整合有互动的因素在其中。我们可以讲信息技术与教学整合，却不能讲信息技术与教学应用，可见整合侧重于双向的关系，而应用侧重于单向，整合与应用有交叉和重叠的地方，整合涵盖了应用的精华成分，因而"整合"等于"应用"的说法是片面的。那么信息技术与高校体育教学如何整合呢？信息技术对体育教育的发展将具有巨大的推进作用，将影响体育教育的各个方面，体育教育的改革与创新需要信息技术的紧密配合。首先，现代信息技术将有效地优化体育教育环境；其次，利用现代信息技术是终身体育教育的第一选择；再次，运用现代信息技术逐步实现教学过程中师生间的动态信息交流；最后，运用现代信息技术培养学生创新精神实践能力。信息技术与高校体育教学的整合必将促进高校体育教学向信息化方向发展。体育教育信息化是教育现代化的一部分，因此体育教育信息化必然具有以下走向：第一，教学过程中教的单极化走向合作化；第二，从单一运动场上的技术学习走向多环境下的技术学习；第三，学习活动中的群体化走向非群体化；第四，体育教学走向学习情景的虚拟化；第五，体育教学模式由单一化走向多元化；第六，为体育函授教学提供了更广阔的舞台和空间。体育教学与其他学科的教学既有共性，又有其特殊性。在体育教学过程中，学生要在反复的练习中，通过身体活动与思维活动的紧密结合来掌握知识，技术与技能。此外，体育教学的大部分授课时间是在户外，这些都给整合带来了一定的困难。

　　体育实践所运用的信息技术都带有明显的体育专业特点，现代信息技术被引入体育教育领域，提升了人们运用信息技术为体育服务的意识及其质量。现代信息技术与高校体育教学的整合，不仅包括和体育教学、训练关系特别密切的多媒体课件的制作、体育微格教学和素材的采编，还包括无线网络、虚拟现实技术在体育领域的应用和体育文献资料的检索等。在 20 世纪 50 年代的我国，运动技术图像的观察和分析已经推广到学校体育教学过程中。从 20 世纪 80 年代起，学校体育专业在技术课中开始大量采用音像资料进行教学。特别是 20 世纪 80 年代中期，许多体育学院相继引进了拍摄、录像设备和编辑系统，录制、拍摄和编辑了一些体育运动和比赛；音像资料，在学校内部供学生和教师观看和使用。20 世纪 90 年代中期，随着计算机的普及，高等学校体育院系先后进行了题库建设，利用计算机进行数据处理工作，为教学和科研提供了一些便利。

第四节　体育课件的应用

一、体育课件辅助教学的优势

（一）解决教师示范动作面与学生学习动作面不一致的矛盾

每一个体育教师不可能在所有技术项目上都能完美地完成教学中的技术动作示范，尤其是较复杂的技术动作，即使可以，由于每个人运动习惯的不同也还有左右之分，如在背越式跳高教学中，习惯左脚起跳的教师（学生）右脚则表现不太协调，而教师的示范动作也是单一的一面。初学者在进行较复杂技术学习时，以模仿练习为主，教师示范动作面与学生运动习惯动作面的不一致，导致学生在学习过程中首先要在头脑中转化肢体的动作方式，增加了学习的难度，在大脑中难以形成正确的动作表象，而体育课件就可以很好地解决这个问题，在动画编制中左右兼顾，这样便可有效地解决教学中教与学的矛盾。

（二）展示技术动作的不同侧面

由于场地、器械、队形、上课时间等多方面的影响，教师的示范面不够全面，如跨栏跑教学，学生从单一侧面观察到的教师技术动作是不全面的，"空白"的技术动作环节需要靠学生想象完成，而不是直接观察得到的，延长了学习时间，导致效果不佳。体育课件则可以同时展示技术动作的不同视角：正面、左侧面、右侧面、前面、背面、上面、下面等。学生看到了技术动作的直观效果，迅速在大脑中形成完整、正确的技术动作模型，便可以快速提高课堂教学效率。

（三）解决示范动作速度过快、示范次数不足的缺陷

体育技术动作是由速度、力量、耐力等多种要素组成的，速度是其灵魂，没有了速度很难完成许多动作，许多项目速度太慢同样也不能完成，如挺身式跳远、

单杠腹回环、排球扣球等，动作一慢就容易破坏动作结构，即使完成动作，也不会完美。为解决这一矛盾，教师在教学中反复示范，在示范时强调学生重点观察技术动作的某一部分，但上课时间有限，不可能让教师不断地示范，体育课件则有效地解决了教师示范速度过快及示范次数不足的缺陷。一个良好的体育课件，其技术动作演示可以做到以任意的速度播放、可以任意停在某一帧上，可以反复播放甚至倒放等。这样学生对动作的观察可以选择自己所需并有效地观看。另外，当一部分学生练习的时候，另一部分学生可以通过操作电脑来观看技术动作画面，这样教师就有了更多的时间进行个别辅导，同时又增强了学生自主学习的积极性。

（四）渲染情景，增强教学效果

在室外教学时教师主要是通过语言来调动学生学习的积极性，而在室内教学时，教师便有了更好的工具——体育课件。教师根据教学需要提前编制好课件，当教师充分应用多媒体演示课件内容时，音、像及富有动感的画面会很快把学生的注意力吸引到课堂上来。

二、高校使用体育课件存在的不利因素及解决措施

（一）传统思想的束缚

体育课是室外活动，体育教师还是依靠传统的，靠言传身教来进行教学。通过理论指导实践，让学生掌握一定的理论知识，必然会促进其技术水平的巩固提高，况且好的体育课件还能帮教师解决许多教学上的实际问题，科学技术的创新，现代教学手段的发展和更新推动着高校教学的改革。现代的体育教师应解放思想、开拓创新、紧跟时代、与时俱进，运用好现代化的多媒体教学手段。

（二）忽视体育课件的辅助作用

任何教学手段的运用都是为了辅助教学，尤其是体育技战术动作的编制更是为了有效地解决教学重点、难点，解决教与学的瓶颈，但有的课件在选题上并没有注意到这一点，因此在表现上会让人感觉是否做课件都一样，再加上动画不到位就更让人不好接受。教师只有认真研究教材，才能选好题目，只有功夫到，才能使画面精美，动作更准确到位，使体育课件起到辅助体育教学的作用。

（三）体育教学场地条件的限制

很多体育项目的实践课教学是在室外进行，而多媒体课件的使用基本上只能在室内进行，室外场地附近很少有可提供课件播放的室内场所，如果在很远的教室进行课件教学之后再到室外进行实践课教学，势必会浪费体育课的时间，而且课件中给学生建立的目标表象容易被遗忘，那么课件辅助教学的作用将会大打折扣。建议高校在室外体育场地附近建成可供体育多媒体课件使用的场所，真正地让高校体育教学走上科学化和现代化的道路。相信随着国家和社会经济的发展，国家、社会和学校对体育的重视，学校的体育设施会得到改善，目前已经有很多学校在体育理论课教学中采用了多媒体课件教学。

（四）体育教师自身计算机实际应用能力和开发能力的限制

很多体育教师忽视了或不愿意去研究多媒体课件这一先进的教学手段，加之自身接触计算机知识太少，计算机应用和开发能力欠缺，致使多媒体走进体育课堂有较大的难度。随着多媒体技术的发展，体育课作为高校课程的重要组成部分，体育教师应该多了解现代教学手段，研究体育教学怎样才能跟上现代教学改革的步伐，努力应用多媒体课件为自身教学服务。现在的制作多媒体课件的软件很多，如 PowerPoint 软件可以用来制作理论的教学课件，Flash 软件和 Authorware 软件可以用来制作理论和动画的体育实践教学课件。学校也应当组织体育教师进行体育多媒体课件制作方面的培训，使他们掌握这方面的知识，再与他们专业相结合，制作出有利于高校体育教学的多媒体课件。

第五章 高校体育教学的改革创新

本章为高校体育教学的改革创新，主要包括四个方面的内容，分别是高校体育教学创新的影响因素与途径、高校体育教师的教学创新、高校体育教学内容与教学方法的发展与创新及高校体育教学创新体系的构建。

第一节 高校体育教学创新的影响因素与途径

一、高校体育教学创新的影响因素

（一）教育观念的更新是体育教学创新的前提

从对公共体育课程改革现状的研究中我们发现：普通高校公共体育课程改革在一些院校中取得了非常好的成绩，而且这些院校教学理念的转变非常突出。例如，北京师范大学的公共体育课程改革获得了国家教学成果二等奖，"健康与文化并重"已鲜明地昭示了它的课程教学指导思想与理念。具体的核心内容是：第一，以学生为本，体育与文化并重，健康第一，体现本校特色，民族性与新兴、时尚、健身性相结合。第二，体育与文化并重，体育与健康并重，突出师范类特点。清华大学的公共体育课程改革指导思想为学会方法，提高能力，养成习惯，享受体育。由于这些学校的正确教学理念的引导，其公共体育课受到了学生的普遍欢迎，取得了非常好的教学效果。

但同时我们发现，有的学校仍未把公共体育课程教学改革放在重要的位置上，体育教学创新更是无从谈起了；另外，"健康第一"的指导思想是整个教育的指导思想，不能将其作为体育教学的指导思想，更不能作为高校体育课程教学的指导思想。

从上述正反两方面的对比中我们可以看到：教育观念的更新是体育教学创新

的前提。教育工作者要从传授、继承已有知识为中心的传统教育，转变为以学习者为中心，着重培养学生创新精神的现代教育上来。

（二）教学内容的重组、优化是体育教学创新的载体

从研究中发现，目前很多高校体育教学内容较以前有了较大的变化，并有多所学校的体育课程改革的教学成果颇丰，如"三自主"教学的实施，学生"自选项目、自选时间、自选教师"，从根本上调动了学生学习的主动性，激发了学生的学习兴趣；如开设体育项目的增多，新兴体育项目的引入受到了学生的普遍欢迎。

然而，很多高校的体育教学还存在一些问题，如有的普通高校体育教学内容单一，教学内容低级重复等现象仍然存在，这些直接影响了公共体育课程的教学效果。

从上述的分析中可以看出：在以素质教育为主的现代体育教育中，要更新与改变传统的教材内容，构建适合现代体育教育思想的教材体系，选择适合学生身心发展，内容更新、更具特色的一些教学内容，不断丰富教学内容体系并进行合理的重组与优化，更好地培养学生的创新思维与终身体育意识。普通高校的公共体育课程一方面要把"三自主"教学落到实处，另一方面要努力加大课程资源的开发力度，增加开设的运动项目的数量，引入新兴的体育运动项目。

（三）教学方法的合理使用是体育教学创新的有力手段

在当前高校的体育教学中，如何教会学生运动技能仍然是困扰体育教学工作者的主要问题。虽然近几年来关于体育教学模式和体育教学方法的研究非常多，"合作性学习""研究性学习""自主性学习"等新方法在体育课堂教学中使用，但却和体育教师的日常体育教学难以融合。同时，体育教学方法的使用呈现出不稳定性：同一个教材的教法出现了不同的教学顺序和教学方法，有时甚至是相反的顺序（分解与完整），教师所用教学时间长短不一，而各种教材的教学单元反而趋向一致；传统的体育教学方法普遍是先讲解后示范或先示范后讲解、完整法与分解法相结合及进行反复练习的方法。体育教学方法使用上的问题主要在于体育教学内容分类存在问题和体育教学方法的研究滞后。

上述的问题表明研究和改革体育教学中的教学方法问题已迫在眉睫。笔者建

议构建以学生为主体，以学生自主学习为基础的新型教学过程，使教学活动真正建立在学生自主探索的基础之上。同时，深入研究适合不同教学内容的不同教学方法及每一项运动技能的合理的教学步骤。

二、高校体育教学创新的途径

第一，高校体育教学应制订多元化教学方案，满足当代大学生的学习需求，进而保证全体发展的同时实现个性化发展目标，由此，高校体育教学以自身条件为基础，竭尽全力补充体育知识，保证教学的科学性，提升学生的身体素质，同时使其呈现个体特征。例如：教师可以赋予枯燥的体育课堂以娱乐性，添加轮滑等冷门的体育项目，并让学生自由选择其他项目与之结合，这样不仅能拓宽学生的技能范围，同时也能激发学生的学习兴趣。

第二，高校体育教学创新的本质在于教学模式的改变。丰富教学模式以为学生提供更多样化的发展道路，使学生了解运动的优点并养成锻炼的习惯。科学技术的发展有助于将多媒体技术融入体育教学，吸引学生的学习兴趣。同时，教师应添加竞争性项目，激发学生的好胜心，并且提高班级凝聚力。

体育教学的创新主要是将传统传授型、形式型及枯燥型的教学方法转变为引导型、实效型和快乐型的教学方法。想要实现上述目标必须获得高校管理层的认可，同时融入教师的不懈努力及学生的参与，方可实现教学目标，实现寓教于乐。

第三，专业的教师团队可决定高效的教学质量。因此，构建专业化的教师队伍是体育教学创新的根基。同时，教师应具备高素质及高水平，怀有教学热情，关注创新改革，课余时间完善自身能力，与其他高校教师互动交流，在互联网平台中获取最新的教学动态及技能知识，进而为学生提供更加优质的教育服务。此外，因为传统单一的技术与运动性能的评价方式难以满足当前教育的需求。所以应完善教育评价机制，构建科学有效的教育评价体系，引导学生重视和培养体育精神。

第二节　高校体育教师的教学创新

我们面临的时代是一个知识经济的时代，知识经济时代教育的核心是培养人才的创造性思维和创新能力。"创新是一个民族进步的灵魂，是国家兴旺发达的不竭动力。[①]"创新的关键靠人才，人才的培养靠教育，成功的教育靠教师。教师是"知识经济"教育的第一要素，想要全面培养和提高学生的素质，就必须有高素质的教师队伍做保证。教师是教育活动的组织者，对学生的发展起着不可替代的作用。

随着社会经济的发展、科学的进步及教育改革的蓬勃发展，我国高校体育教学改革也在紧锣密鼓地进行着。不同地区的学校根据自身不同特点独立地、自由地创建自己的体育特色，发展自己在体育方面的优势，从而实现学校体育的多样化、特色化。在这种大背景下研究我国高校体育教师的教学创新能力及其培养显得非常必要而有意义。

一、高校体育教师教学创新能力的表现

教师能力是指从事教师职业的人所应具有的带有职业特点的能力，它是教师业务能力的主要方面。高校体育教师的教学能力，是指教师从事体育教学活动、完成教学任务的能力，包括从教学设计、教学实施到教后评价，即从内化教材到外化教材整个过程的驾驭能力。教师的教学创新能力是指教师在具备一般教学能力的基础上，能更新教学内容、创造优质高效的新方法、建立符合教学规律的新理论的能力。

高校体育教师的教学创新能力，集中体现在能充分发挥自身的创造精神，敢于标新立异，能够别出心裁进行创造性的教学，能更新和组合体育教学内容，创新体育教学方法并高效运用，从而优化教学过程、提升教学效果。

二、高校体育教师教学创新能力的培养

（一）发展创造思维

创造思维是创新人才最基本的素质，培养创新人才的核心就是要培养创造性思维。创造力是创造思维的反映，发展创造性思维是培养创新能力的关键环节。高校体育教师面对教学中的复杂情况，要有意避开思维定式的影响，善于从侧面

---

① 白云莉.大学生创新创业教育新模式研究 [M].天津：天津科学技术出版社，2020.

思考或进行逆向思考，随机应变。教师在教学领域应善于发现新问题，提出新见解，这是激发创造力的重要条件。

（二）充分发挥个性

高校体育教师创造能力的发展，也应以不断吸收前人或他人的成功经验和科研成果为基础。从某种意义上来说，没有继承，就没有发展；没有借鉴，就没有创新。古人云："善学者，假人之长以补其短。[①]"只有博采众长，补己之短，逐步完善智能结构，在此基础上才能引发创造的灵感，发展自己的创造个性。

（三）参与创造性教育教学实践

实践出真知，实践出才干。参与创造性教育教学实践，是提高教师创新能力的重要途径。从某种意义上说，教育教学改革实验是造就创造性教师的摇篮，是诞生教育实践家的圣地。例如，在体育教学实践中，对一些运动技术较复杂，并且体育教师难以用分解方法向学生进行讲解示范时，可以借助现代教学媒体以动态慢放、定格观察、重复播放等方式向学生生动形象地展示技术环节、技术重点与技术细节。高校体育教师要学会，并能适时、适度、适量地使用各种教学媒体。

第三节　高校体育教学内容与教学方法的发展与创新

一、高校体育教学内容与教学方法的发展

（一）高校体育教学内容的发展

1. 发展现状

从当前的形势来看，我国高校体育教学内容的发展现状主要体现在以下四个方面。

第一，从当前的形势来看，体育教学内容的数量正在不断精简，而难度在不

---

① 申笑梅，王凯旋. 诸子百家名言名典 [M]. 沈阳：沈阳出版社，2004.

断增加，体育运动的技术含量越来越高，这就要求有专门训练的高素质的体育教师来传授。

第二，体育教学内容中的娱乐因素逐渐减少，相较于此，学生在体育课中的实际练习和"炼"的因素则有一定程度的增加。

第三，发展至今，竞技体育的发展速度非常快，竞技体育事业成为各个国家和地区发展体育的重点，相比之下，正规化的、科学化的竞技体育运动，尤其是学校竞技体育运动正逐渐取代以往传统的体育教学内容，成为新型的体育教学内容。

第四，体育教学内容所需要的运动器材越发正规。由此可以看出，高校对学生开展体育课的安全问题的重视程度越来越高。

2. 发展趋势

高校体育教学内容的发展趋势可以大致归纳为以下 5 个方面。

（1）对终身体育目标的要求进行充分考量

高校体育在高校学生终身体育观念的建立和形成过程中起着至关重要的作用。终身体育目标的达成取决于学生参加体育所需的技能、知识和态度。所以，教学内容应当更加注重健身性、运动文化传递性与娱乐性，并在健身价值和终身运动性强的运动项目中间作出选择。

（2）更加注重体育运动的规律性

在选择体育教学内容时，要注重寻找体育学科当中的内在规律，挑选的体育课程要符合学生的兴趣，富有时代性的，并且根据年龄和学段的不同，在教学内容上加以区分。

（3）学生价值主体受到的重视程度越来越高

受各方面因素的制约和影响，体育教学内容的选择并不是一蹴而就的，需要综合各个方面的因素进行考虑。在过去的体育教学大纲中，体育教学内容的选择与确定更重视教育工作者对于教学内容的价值取向，因此重视的仅是教师的"教"。随着体育教学改革的进行，越来越多人开始重视学生对体育教学内容的价值取向，所以根据学生的学而进行体育教学内容的选择的方式更加普遍。

（4）更加注重教学主体发展的全面性

在传统体育教学理念和模式下，以往的体育课程大都是以提高学生跑、跳、投等身体素质为目的的一种体能达标课。新的教学改革大纲出台之后，学校教育更加强调素质教育，因此学校对于学生素质的全面发展肩负着无比重大的责任。因此，在选择与确定体育教学内容时，同样要符合素质教育的要求，使学生的身心都能获得全面的发展。

（5）不断引进民族特色项目

通常情况下，富有趣味性和新奇性的运动项目总会受到广大学生的青睐，因此在选择与确定体育教学内容时也要注重推陈出新，改革与发展一些新颖的运动项目。除此之外，我国多民族的特性决定了各个民族都有出色的民族特色体育项目，这些民族项目既各具特色，又有良好的健身价值，在体育教学内容的选定中应适当根据具体情况加以选用。

（二）高校体育教学方法的发展

1. 发展特征

（1）科技进步促进了体育教学方法的创新

科学技术发展迅速，在不断丰富和方便人们日常生活的同时，在其他领域也发挥着重要的作用。在体育教学中，科学技术的进步对其教学方法的影响是极其深远的。随着计算机技术的快速发展，其在体育教学中迅速得到普及，这使得体育教学中的动作示范更加标准、科学，资料的搜集、整合更加便捷，并且学生在学习空间和时间方面的限制减弱，实现了实时的信息沟通。通过计算机进行动作示范，能够从不同的侧面，以不同的速度，对不同部位的动作进行细致的分析和研究，使得传统的讲解示范等方法更加科学、高效。

（2）体育教学内容的变革促进了教学方法的变革

为了适应时代的发展，满足学生的体育需求，体育教学的内容处于不断的发展和变革之中，这也导致了体育教学方法的变革。例如，随着定向运动和野外生存运动引入体育教学之中，体育教学活动的野外组织和教学方法得到了进一步开发。

（3）体育教学理论的发展促进了教学方法的完善

体育教学理论的发展有利于体育教学方法的创新与进步。在新的体育教学理论的指导下，体育教学方法逐步实现了发展和创新。在传统的体育教学过程中，我们对于体育运动技能的分析有所欠缺，并且同一运动项目的教学方法相对较为固定，甚至在不同的运动项目中都采用了统一的教学方法。

因此，面对不同运动项目，体育教学方法是"以不变应万变"。例如，随着有关专家研究球类运动项目的不断深入，"领会式教学法"由于适合球类运动而应运而生。

（4）学生个性发展促进了体育教学方法的改进

在不同的时代环境，学生会表现出不同的特征，同时学生的个性特点也具有很多的变动性。因此，为了更好地促进体育教学目标的实现，促进体育教学效果的提高，应根据学生的具体情况，采用不同的体育教学方法。

学生各方面的变化主要体现在以下三个方面：第一，随着接受知识的增多，学生的认识能力逐渐增强；第二，随着时间的变化，学生的身体逐渐发育成熟；第三，伴随着学生知识和阅历的丰富，其个性越来越强，并且形成了相应的价值观念。除此之外，社会的文化价值观念对学生也产生了较为显著的影响。体育教学的方法也应随着学生各方面的变化而进行适当的调整。

2.发展趋势

现代体育教学经过多年的发展，不仅已发展成为一个较为成熟的学科，同时也发展成为具有自身特色的教法体系，其发展趋势主要体现在以下 3 个方面。

（1）现代化趋势

在现代教学方法的现代化过程中，体育教学的现代化十分明显。体育教学现代化的重要表现之一是教学设备的现代化，通过先进的技术手段，使得教师能够更容易开展教学活动，学生能够更好地学习。通过先进的现代化设备，教师能够对学生的身体素质进行更加深刻的了解，并能够更好地制订运动训练的负荷量。在教学管理方面，能够为学生的学习和生活提供更加便捷的服务。随着现代社会的发展，体育教学的各项技术逐渐发展，其教学方法也必然呈现出现代化的发展趋势。

（2）个性化与民主化趋势

在传统的教学过程中，教师是教学的主体，在教学过程中具有很强的统一性，教师的教学活动忽视了学生个体之间的差异性。随着教学活动的开展，社会越来越注重学生个性的发展，体育教学方法的发展也必然呈现出个性化发展趋势。个性化的教学方法改革和创新对于学生和社会的发展均具有重要的意义。与此同时，民主化也是体育教学的大势所趋。随着教学过程中民主意识的崛起，民主化的体育教学方法也逐渐得到快速的发展。

（3）心理学化趋势

心理学认为，学习是一个复杂的心理过程。在体育教学过程中，学生学习既涉及相应知识的记忆，同时还有对于动作技术的记忆。随着心理学研究的发展，学习过程的各个方面被人们所认识，并且在具体教学实践过程中，心理学的相关理论逐渐受到重视。在体育教学方法的发展过程中，很多心理学的研究成果将会进一步得到应用，这对于体育教学效果的提高具有重要的意义。另外，体育教学还肩负着培养和发展学生的良好意志品质、促进学生的心理健康等方面的重要作用，通过运用相应的心理学方面的方法，能够更好地达成这方面的目的。

二、高校体育教学内容与教学方法的创新

（一）高校体育教学内容的创新

1. 创新体育教学内容的建议

第一，体育教学内容的选择要以学生为本，选择学生感兴趣的体育教学内容。

第二，要敢于打破传统的体育教学大纲框架，根据实际的情况灵活选择教学内容，不断丰富和发展体育教学内容，使之与学生的实际生活、学习和教师的教学实际相符合。

第三，体育教学内容上要逐渐淡化竞技体育运动技术内容。

第四，体育教学内容上要增加基础性的知识，使学生不仅在技术和体能上获得发展，同时还在知识体系上得到完善。

第五，要加大对女性体育教育的重视，可以在内容上增加体育舞蹈和韵律体操等内容。

2. 创新体育教学内容的措施

（1）教学内容的选用要以学生为本

高校体育教学内容改革的重要特点之一就是以学生为本，对于高校的体育教师而言，体育教学活动面向的是全校学生，学生的不同特点及学生的实际情况会影响着教学内容的选择。在当前体育教育改革的推动下，体育教学内容的选择越

来越重视教学活动的学生的主体地位，强调"以人为本"的教育思想。因此，教师在选择体育教育内容的时候应该坚持以学生为本，根据学生的性别、特点、兴趣爱好及阶段性的身心发展特点来选择教学内容。只有这样才能真正提高学习的积极性和主动性，使学生更加深刻了解体育，实现学以致用。

（2）培养学生体育素养

体育教学的目标是使学生养成独立的人格，促进学生的全面发展，体育教学内容的选择应该服务于教学目标，要培养学生的体育素养，要重视学生的全面发展。

在现代体育教学中，我们越来越重视对学生素质教育的培养和综合能力的提高，培养学生成为符合社会需要的现代化全面型人才。在这样的情况下，体育教育成为人才培养的重要途径之一。因此，在高校的体育教育教学中尤其应该注重对学生体育素养的培养和提高综合能力。

高校的体育教育教学不仅需要关注学生的身体等生理健康，还要关注学生的心理健康以及价值观、体育观、道德品质的建立和提高。高校体育教学的内容选择应该体现这些要求，使其成为内容的重要组成部分，打破只注重技能训练的传统内容模式。

（3）丰富体育文化内容

体育文化在校园中传播、发展的重要手段就是开展校园文体活动，学校要保证学生参与体育文化的权利。因而，学校在做好日常的体育教学活动之外还应该结合本校的实际情况，对群体活动项目进行具体的、恰当的安排，可以增加一些大众化、趣味性强的、喜闻乐见的运动，通过群体体育活动来增进学生对体育文化和体育竞赛的了解，不断提高体育文化素养和体能水平。

当下，可以将校园的体育文化建设与课堂的体育教学活动相结合，体育教学内容的选择也应该考虑本校的教育教学计划、本校所在地区的季节特点、本校的教学时长等，根据本校实际情况选择适合的体育教学内容，形成独有的校园的体育文化建设特色与课堂体育教育教学特色，促进学生更好地了解体育文化、学习体育知识、传承体育文化、发展体育事业。

（4）强调教学内容的实用性

高校要根据具体的教学情况和学生状况来对体育教学内容进行选择和安排。

一方面要满足学生不断自我发展的需求；另一方面要满足社会日益增长的对全面人才的渴求。高校可以增加攀岩、游泳、高尔夫、野外生存等教育内容，使学生加强与社会的密切接触，加强与社会生活的联系，提高学生的社会适应能力，为学生从校园生活过渡到社会生活做好衔接和铺垫。

（二）高校体育教学方法的创新

1.体育教学中微课的应用

微课具有碎片化、重点清晰、很强的师生交互性、可以重复使用等特点，因此需要高校体育教学从体育微课的基本设计原则出发，开发优质、高质量的体育微课程，不断改善高校体育教学现状，提高学生学习体育的兴趣。总的来说，在高校体育教学中，微课在大学体育中的应用体现在以下4个方面。

（1）微课在学生体育需求调研中的应用

针对高校传统的体育教学模式与高校体育教学内容的关系，高校体育教学实践活动在正式开始之前，体育教师要根据课程逻辑提炼出高校体育教育教学内容中的难点和重点。与此同时，体育教师也要结合当下的体育栏目和体育热点新闻制作体育微课，之后可以利用互联网等各种渠道在学校内部广泛传播。通过学生对微课的点击率和对同一条帖子评论的调查，体育教师可以对体育课程内容的合理性进行有效评价，这样可以深入了解学生的兴趣和期望。此外，在前期，体育微课的传播可以有效调动学生学习体育的积极性，使学生对将要学习的新内容有所期待，逐渐使学生的被动学习行为转变为主动学习行为，不断提高学生的体育参与度。

（2）微课在体育课程设计中的应用

对于体育微课，它一方面是对传统高校体育教学模式的补充；另一方面也是多媒体时代高校体育教学发展必然会出现的结果。微课的出现重新定义了原来的体育课程设计。例如，"工作"一词经常在学生学习中被提及。因此，有必要确保体育课程科学、扎实、有血肉。在高校体育教学后期，体育课程设计会发生改变，会对室内体育理论课程和室外实践课程的现状进行融合与整合。同时，考虑到多媒体时代的时代特点，在设计室内理论课程时，教师和学生可以集中进行信息和数据的交流，以便在体育课程中触发头脑风暴，打造更加公平、自由的体育课程。此外，以这种形式，可以进一步更新体育教师的教学思维，也可以使学生的思想得到解放，提升学生学习热情。

（3）微课在体育课程教学中的应用

一方面，体育教师可以根据当前体育赛事的热点，设计新的体育课程，并引入微课。在开展体育课课堂教学的过程中，教师可以组织学生集体观看微课，主要目的是吸引学生的注意力，激发他们对体育课的学习兴趣；另一方面，体育教师可以在体育教学实践活动的过程中，将复杂动作的教学录制成视频，转化为微课。同时，在体育课堂教学过程中，可以反复播放给学生，呈现出更直观、生动、形象、具体的教学内容。体育教师可以根据新课内容结合时事、体育热点等方面设计新颖的新课导入型微课，让学生观看，主要目的是吸引学生的注意力，使学生进入学习状态。

（4）微课在体育课后辅导中的应用

基本上，高校体育课每学时的教学时间为45分钟。高校体育教学时间的有限性，使得教师准备的教学内容难以精细化呈现。因此，有些学生不能跟上教学节奏，不能完全掌握所学的运动技能。所以，若是体育课教学结束时，发生这样的事情，教师可以将包含高校体育教学要点、难点、重点的微课视频分发给学生，使学生可以在课后练习所学的技术动作，复习课内所学的内容，从而有效保证新旧都复习到，提高学生的学习效果和教学效果。

2. 体育教学中慕课的应用

（1）高校体育教学中慕课的应用价值分析

慕课传入中国已经有很长一段时间了。与此同时，很多学校已经开始尝试这种全新的教学方式。然而，在高校体育教学中却很少使用慕课。事实上，在高校体育教学中也非常适用慕课这种教学法。

随着互联网的迅速发展，人们每天都可以上网，不论是浏览网页、了解新闻动态还是刷微博了解时事，这反映出网络在现代人生活中占据着重要位置。对于慕课来说，互联网的飞速发展和当下人们生活方式的改变影响着人们生活和学习，慕课充分利用了学习过程中的网络条件。

此外，慕课是一种学习方式，具有主动性的特征，因此任何人的监督和胁迫都不会对慕课产生作用。学习者可以根据个人的兴趣爱好，选择和学习自己喜欢的运动。同时，慕课拥有非常广泛的资源，慕课在高校体育教学过程中得到应用，可以使教师和学生共同使用国外高校的体育教学资源，促进教师的"教"和学生的"学"。

当前，体育教师讲授和学生接受学习是学校体育教学的主要形式，这也就是说在大学体育课堂教学中，首先教师会对体育知识和动作进行讲解和演示，其次学生根据教师的教授进行练习。我国高校体育课的时间为一个半小时，在体育课的准备活动完成后，体育教师将对运动技术和动作进行讲解和演示。若一节体育课花费了大量的时间在讲解上，便会导致学生的练习活动在剩下的时间里无法顺利进行。针对这个问题，慕课可以很好地解决。

采用慕课的教学形式，当体育课教学结束后，学生可以在课后自主、灵活地复习。体育微课视频中包含真人操作和讲解，这可以帮助学生对体育课所学的动作进行复习和记忆。

在高校体育教学中采用慕课教学法，一方面可以深入开展学生学习活动；另一方面可以使学生掌握自己的学习进度，提高学习的自主性和积极性。同时，由于慕课的学习资源非常丰富，这有助于学生找到适合自己的运动项目和运动方式。比如，对于一些学生来说，并不适合进行剧烈运动的锻炼，因此，他们可以在慕课上寻找更适合自己的运动项目。这样既能避免损伤自己的身体，又能顺利实现体育锻炼的目的，一举两得。如果在高校体育教学中采用慕课的方式，学生可以参照慕课中的标准动作来完成体育锻炼活动。在这种情况下，慕课就像一个专业的私人教练陪伴着学生进行锻炼，正确指导体育锻炼活动的进行。

（2）慕课应用在高校体育教学中的未来发展

基于慕课这种形式，我国各高校都应该根据自己学校的特点和实际情况，录制慕课视频。同时，在录制慕课视频时，来自多所学校的教师可以一起参与慕课的录制和讨论，然后选择多个优秀的视频上传到互联网上，学生可以根据自身的特点和教师的风格，选择适合自己的慕课视频进行观看学习。不同的教师有着不同的教学风格和教学方式，并且教师录制的是一个由多名教师组成的慕课，因此学生可以选择最适合自己的教师。除此之外，这样的环节可以避免为数众多的大班授课，也可以有效地改善学生听课效果不佳、学习效率不高的问题。高校体育教学中采用慕课的教学方式，可以实现小班化教学的目的。同时，多名教师录制同一科目，可以在教师间形成比较和竞争，也可以帮助学生更仔细地观察教师的教学缺点，提出反馈意见，以此提高高校体育教学质量。

慕课在高校体育教学中的应用主要基于在线教学，因此不存在监督制度，这就需要学生具有高度的自觉能力和自主学习能力。在高校体育教学评估与考核问题方面，可以不再使用计算机评估方法，可以在体育教师组织学生进行网络学习后，安排传统的考试。这样的考核可以避免学生作弊，也可以检测学生的学习成效。对于慕课的作用，教师和学生都应该正确看待。

对于慕课这种教学方式来说，教师并没有完全解放。例如，高校体育教学过程中采用慕课教学，在这个过程中学生有问题，他们无法得到有效的反馈。为此，师生之间应该进行定期的、有规律的交流和沟通反馈，这样一方面可以增进师生之间的感情，另一方面有益于学生的学习。慕课虽然在我国的应用还处于初步发展阶段，但慕课的发展是现代网络飞速发展背景下的必然趋势。高校体育对慕课的运用，可以给未来的教学带来全新的启示。

值得注意的是，在高校运用慕课这种教学方式开展体育教学时，应该以我国高校实际的教学情况为基础。例如，在篮球课堂教学过程中，不仅要教手指上的动作，还要教脚上的动作，更重要的是，这二者的教学活动应该紧密联系在一起。鉴于此，教师在制作相关的慕课时，不仅要对这些动作进行分解，还要有一个标准化的整体动作，以便于学生进行学习和模仿。我国对于慕课在体育教学中的应用并不广泛，如果高校体育教学要构建完整的慕课体系，需要大量相关的慕课体育教程。如果引进国外的教学资源，这些资源多是外语，很多专业名词会造成学生的理解困难。这就需要在制作慕课时聘请优秀的专业教师进行制作，按照一定的标准进行设定，这有利于慕课的进步和发展。

3. 体育教学中翻转课堂的应用

体育教学过程中应用翻转课堂这一教学方法时要注意以下 4 点实施策略。

（1）建设在线虚拟教学平台

翻转课堂的实施创造前提和基础是构建在线虚拟教学平台，该平台主要包括五个模块：一是教学内容上传模块；二是师生交流与答疑模块；三是学习跟踪与监控模块；四是在线测试与评价模块；五是学习总结与成果展示模块等。以在线虚拟平台为依托，高校体育教师可以上传微视频、PPT 及音频材料，可以在平台上实现作业的发布工作、在线测试和在线交流工作、监控监督工作及在线评价工作等。学生也可以通过该平台下载学习有关资料或进行在线学习，并且通过这个平台来实现与体育教师的及时沟通和交流。

（2）注重评价机制的创新

传统的教学评价方式是纸笔测试，而高校翻转课堂教学模式不应该局限于纸笔测试，要在各个方面区别于传统的评价机制，比如评价内容方面、评价主体方面、评价方法方面及评价标准方面等，否则翻转课堂的实施将流于形式，达不到真正目的。在高校体育教学翻转课堂模式下，一是评价的主要目的在于实现评价促学、评价促教；二是主要评价指标应该是学生进步程度；三是应该采用多元化的评价。否则，评价就会没有针对性和全面性。评价主体、评价内容、评价方法、评价阶段等方面是多元化评价的主要内容，多元化评价应该始终围绕促进学生学习和促进教师教学两个方面来开展，主要目的在于提高教学效果，促进学生学习。

（3）提高体育教师的综合素养

教育教学改革的核心和关键始终是教师，教师关乎改革的成败。翻转课堂作为信息社会的产物，既是一种先进的、科学的教育教学理念，也是一种先进的、科学的教育教学方法，因此对体育教师的综合素质提出了更高的要求。体育教师一方面是在线虚拟教学平台的建设者、设计者和使用者以及开发和上传教学视频等学习资源的发起者；另一方面是学生学习的组织者、传授者、引导者以及学生学习效果的设计者、组织者、评价者，更是学生在线学习的监督者，是教学设计的改进者与完善者。

（4）追求体育课堂的实效性

翻转课堂虽然应信息社会的时代背景而出现，是一种新生事物，符合社会的发展趋势和潮流，但尚未形成公认的、科学的、严谨的实施模式。虽然各学科对翻转课堂的研究成果比较丰富，但也存在着许多不足，需要进一步探索和完善，主要表现在以下四个方面。

第一，在翻转课堂模式下，虽然体育教师放弃了对学生进行课堂讲解和示范的时间，但并不意味着教师的作用被削弱。恰恰相反，体育教师的作用变得更加关键和重要。一是课前教学视频的录制与采集离不开教师的参与；二是教材的优化与整合离不开教师的付出；三是在线虚拟教学平台的建设与管理离不开教师的维护；四是课堂讲解与示范离不开教师的参与；五是学生活动的设计与组织离不开教师的组织；六是课后学生学习效果的评估与评价离不开教师的操劳；七是教学方案的优化与修订等离不开教师的参与。如果过分弱化体育教师的作用，学生的学习就会失去系统性、效率性、效能性，那么高校体育教学最终会出现"放羊式"的结果。

第二，避免忽视对学生课前学习的跟踪和监控，造成高估学生的自主性学习情况。对于翻转课堂的教学模式而言，其构建的重要基础就是"掌握学习"。因此，翻转课堂的有效实施不能脱离学生的自主学习。在现实社会中，学生作为一个复杂的存在，在课堂教学开始之前，并非每次都可以在在线学习中对体育内容进行有效的、自觉的学习。因此，教师对学生进行适当的检测和跟踪是有必要的，这不仅可以监督学生完成技能学习和知识学习，而且可以有效地培养学生的自主学习能力，增强学习效果。

第三，避免忽视学科的差异性，盲目学习其他学科的经验。目前，与翻转课堂教学模式有关的理论研究成果和实践研究成果，基本上来源于其他学科的研究基础。研究翻转课堂教学模式在体育教学中的应用，必然会借鉴其他学科的实践经验。然而，学科之间必然存在差异，相对于其他学科而言更适用的理论和经验可能并不适用于体育学科。因此，在体育教学中具体实施翻转课堂教学模式时，应把握体育这门学科的本质特征，有选择地吸收和借鉴其他学科的理论、成果、经验，避免出现机械复制的情况。

第四，体育翻转课堂在实施时，要避免偏离翻转课堂的本质，避免过分追求形式。毫无疑问，实施翻转课堂教学模式的主要目的是在一定程度上提高体育教学的时效性和学习效果。体育教学的存在离不开价值的支撑和丰富，高水平的体育课程教学是为了既合法、正当又有效地开展高校体育教学，如果过分追求形式，并且对体育教学的重视不够，那么在高校体育教学中实施翻转课堂这种教学模式，没有任何实际意义。

在体育教学改革不断深入发展的关键阶段，越来越多的体育教师投身于体育教学改革，我们仍然应该仔细审视翻转课堂教学模式的缺陷和优势，尤其是要尽量避免对翻转课堂性质的背离和对形式的过度追求。

第四节　高校体育教学创新体系的构建

一、高校体育教学改革现状

（一）确立了健康教育与素质教育指导思想但未能真正落实

指导思想是体育教学达到实际效果的前提和重要保证。近年来，高校体育教学指导思想是以学生增强体质，增进健康为主，即以"健康第一"为指导思想。同时，培养学生体育能力，养成终身体育的习惯，注重学生个性发展，提高学生的综合素质。这一指导思想的确立为今后高校体育教学指明了方向，有力地促进了高校体育教学的改革与发展。但是这一指导思想并未在体育教学中得以真正实现。

（二）教学内容改革广而不精

纵观现今高校体育教学内容，其还一直沿袭以竞技体育项目为主。随着高校体育教学改革的不断深入，教学内容的改革虽有很大起色，但是重技术轻理论的教学局面并没有完全打破。理论教学时数所占总教学时数的比例还相对较少。在专项教学模式中注重技术的教学，这与改革前并没有本质的区别，而且教学实践中缺乏对学生自我锻炼意识和习惯的培养。

（三）教学方法与手段改革未能获得突破

在教学过程中教学的方法和手段仍然十分单一，教学过程不能满足学生的全部需求，从客观上讲教学过程还是教师教什么学生学什么。教师没有充分考虑学生的个性发展，没有充分发挥学生的主观能动性，没有与时俱进培养现代社会高素质的人才。

（四）考核评价体系单一

体育课成绩是评定学生体育成绩的标准之一，也是评估教师教学质量的重要依据之一。以往体育教学课程评价偏重于技能的评价，基本上采用竞技评价方式，实际上对学生体育课的评价还是被误导为对学生的运动能力的评价，其结果导致很多身体素质较差，上课很认真的同学得不到认同，极大地伤害了他们的学习主动性，有的同学甚至产生了逆反的心理。对于这部分同学而言，考核评价实际是一种打击。

二、高校体育教学创新体系的主体内容

（一）转变教育思想，树立全面的教育观

教师要从对教学和课程本质的认识出发，首先应采用先进的教学观念，充分发挥学生的主观能动性。树立学生良好的学习观念是体育教学的前提。其次，增进教师的服务意识，教师应更好地服务于学生，他们需要什么就给予他们什么。教师不再一味地讲授，学生也不再唯命是从地学习。只有这样，教师才能平等地对待学生，学生也才能在民主的学习环境中不断地审视、提高自己。

（二）建立新的教材体系，拓展教学内容

高校体育要从较单一的竞技项目向健康型、娱乐型、竞技型、社会型等多样化方向发展，建立起实施性强、体现多种功能、学生喜爱的、符合实际情况的教材体系。同时，要打破体育技术课与理论课分离的局面，增加理论选修课，把体育理论知识与其他领域的理论结合起来，如开设体育人文学、体育美学等，使学生有更多的机会学习体育知识。此外，高校体育应从学生的实际能力和兴趣爱好出发，设立多种运动项目，注重培养学生自己喜欢的运动项目，并逐渐培养成优势项目，不断满足大学生个性全面发展的需要，这有利学生充分掌握运动技能，为终身体育提供有力的支持。

（三）创新教学模式

体育教师应根据大学生的身心发展特点，结合自己的特长，不断地进行教学模式的改革和创新。这种创新应体现新颖性、灵活性和能动性。

（四）创新教学方法和手段

在高校体育教学中，单一呆板的教学方法难以使学生参与教学活动，抑制了学生的创新思维和创新能力的发展，因此高校体育教师要重视教学方法和手段的创新。一是教学方法的创新。在教学方法上，教师应认真准备教案，寻找最好的

教学方法，借以找到最适合学生学习的教学方法。教师只有根据教学目的、任务及教学内容等特点，从实际出发，不断创新，始终保持教学的新颖性、生动性、知识性、趣味性、多样性，才能创造出轻松、愉悦的学习环境。二是教学手段的创新。随着科学技术的不断发展和信息技术的广泛应用，各种现代化的视听手段在教学领域中得到了普及，极大地丰富了教学中传递信息的途径，这不仅提高了教学效率，还使得教学形象生动，为学生的学习和发展提供丰富多彩的教育环境和学习的工具。

（五）创新教学评价系统

高校体育教育对于普通大学生来说过程比结果更重要，因此应在高校体育教学中建立完善的考试评价体系。体育教学考核应采取灵活而合理的考核方式加强过程考核，以保证对学生考核评价的合理性和准确性。在考试内容上，除了考专项技术，还应包括一定比例的没有现成标准的内容，既重视全面，又重视个性表现和特长，以利于激发学生的创新思维。在评价形式上，要打破单一的终结评价模式，采用多种多样的考试形式，注重过程评价和全方位的评价，给予学生充分的想象和创造空间，以及创新、创造的实践表现机会。这样既评价了学生的学习结果，又评价了学生的学习过程。

参 考 文 献

[1] 姬红丽. 新时期体育教学与改革探索 [M]. 北京：北京工业大学出版社，2019.

[2] 马冀贤. 体育教学的体系构建与科学训练 [M]. 长春：吉林出版集团股份有限公司，2022.

[3] 李春玉. 学生教师与教育 [M]. 长春：吉林大学出版社，2016.

[4] 黄超文，龚正伟，张子沙. 现代体育课程教学论 [M]. 长沙：湖南科学技术出版社，2006.

[5] 李建春. 基于素质教育视角的高校体育教学改革与发展探索 [M]. 北京：中国书籍出版社，2022.

[6] 耿剑峰. 创新教育理念下的体育课程建设与教学管理研究 [M]. 北京：新华出版社，2020.

[7] 李景丽. 创新教育背景下的体育教学发展探索 [M]. 南京：南京出版社，2022.

[8] 刘捷. 专业化：挑战 21 世纪的教师 [M]. 北京：教育科学出版社，2002.

[9] 王延寿. 教育的探索与追求 [M]. 合肥：安徽大学出版社，2004.

[10] 彭华勇. "互联网+"背景下高校体育教育改革与创新路径探索 [J]. 体育世界，2023（11）：49-51.

[11] 胡省利. 普通高校体育教学中存在的问题、成因及对策 [J]. 体育世界，2023（11）：104-106.

[12] 陈肖坩. 高校体育教学与心理健康教育的融合实践研究 [J]. 中国学校卫生，2023，44（11）：1766-1767.

[13] 段青. 新发展时期高校公共体育课程教学改革转型模式的思考 [J]. 田径，2023（11）：4-7.

[14] 王晓桐，马文政. 新时代高校体育教师信息素养评价指标体系构建研究 [J]. 体育研究与教育，2023，38（6）：46-54.

[15] 杜英昊."双减"背景下高校体育教学的创新与探索 [J]. 佳木斯职业学院学报，2023，39（8）：136–138.

[16] 闫永江. 互联网时代高校体育教学的创新发展——评《互联网视域下体育教学体系建设》[J]. 中国科技论文，2023，18（6）：712.

[17] 刘飞鹏. 信息化背景下高校体育教学模式创新与实践——评《体育教学与模式创新》[J]. 中国高校科技，2023（3）：109.

[18] 闫文，曹晓静."运动教育"模式在高校体育教学的创新研究 [J]. 吉林广播电视大学学报，2023（1）：127–129.

[19] 龙亚军. 高校课外体育活动与学生创新素质培养研究 [D]. 上海：华东师范大学，2006.

[20] 姜敏. 创新能力培养视角下对普通高校体育教育专业实训教学研究 [D]. 黄石：湖北师范大学，2017.

[21] 王宁. 网络技术在高校体育教学中的应用发展研究 [D]. 牡丹江：牡丹江师范学院，2014.

[22] 林中锋. 体质健康评价标准的演进与高校体育教学的发展之研究 [D]. 长春：东北师范大学，2008.

[23] 赵世杰. 网络教育技术在高校体育教学中的应用研究 [D]. 广州：华南师范大学，2005.

[24] 鲁晓琳. 高校校园体育现状及发展对策研究 [D]. 石家庄：河北师范大学，2011.

[25] 王国亮. 翻转课堂引入普通高校公共体育教学的研究 [D]. 北京：北京体育大学，2016.

[26] 万灵娟. 高校体育智慧课堂教学模式设计及应用研究 [D]. 成都：成都体育学院，2019.

[27] 张占营.《全国普通高等学校体育课程教学指导纲要》实施以来高校体育政策执行过程研究 [D]. 天津：天津体育学院，2020.

[28] 薛飞娟. 高校体育教学中微课程设计研究 [D]. 吉首：吉首大学，2015.